# 문학과 영화의 상상력 이해

신기용 지음

도서출판 이바구

프롤로그

## 고전 문학과 신화적 상상력을 차용한 영화

　고전에서 미래를 향한 새로운 문화 창조의 소재를 도출해 낼 수 있다. 지금은 고전을 원천 소재로 삼아 현대적 재해석을 통한 새로운 문화 콘텐츠 개발이 활발한 시대이다. 고전의 원형 소재를 차용하면서도 새로운 상상력을 가미하여 원형과 차별화하여 독립성을 확보하는 추세이다. 이 차별화한 독립성이 영화 콘텐츠의 성공을 가늠하는 요소로 작용하기도 한다.

　21세기에 접어들어 고소설을 변용 혹은 변형한 영화 제작이 풍성해졌다. 그 예를 들면, 고소설『춘향전』이 영화〈춘향뎐〉(2000)과〈방자전〉(2010),〈아랑각 전설〉과 고소설『장화홍련전』이 영화〈장화, 홍련〉(2003), 고소설『전우치전』이 영화〈전우치〉(2009) 등으로 재탄생하기도 했다.

　영화〈방자전〉,〈전우치〉,〈장화, 홍련〉은 대중적 호응이 매우 좋았다. 하지만〈마담 뺑덕〉(2014)은 흥행에 실패했다. 영화〈방자전〉,〈전우치〉,〈장화, 홍련〉,〈마담 뺑덕〉은 모두 고전의 원작과 완전히 다른 양상의 독립성을 확보한 서사 구조라는 공통점이 있다. 이들 중 신화적 상상력을 불어넣은 영화가 대체로 성공적이었다.

　흥행에 성공한 영화〈전우치〉,〈장화, 홍련〉은 고전에서 차용한 신화적 상상력을 곳곳에 반영하였다. 반면에 흥행에 실패한〈마담 뺑덕〉은 현대적 재해석으로 독립성을 확보한 새로운 스토리텔링까지는 좋았으나, 신화적 상상력이 미흡했다.

　신화적 상상력을 곳곳에 반영한 새로운 영화 스토리텔링이 성공할 확률이 높다. 물론 흥행에 성공한 영화 〈방자전〉도 흥행에 실패한 〈마담 뺑덕〉처럼 신화적 상상력이 미흡하긴 하지만, 코믹물이라는 장점을 잘 살렸다고 평가할 수 있다.

김지운 감독의 영화 〈장화, 홍련〉은 고소설 『장화홍련전』을 원천 소재로 한 영화이다. 고소설 『장화홍련전』은 1924년부터 영화화하기 시작했다. 하지만 김지운 감독의 영화 〈장화, 홍련〉은 고소설 『장화홍련전』을 현대 배경으로 재해석한 작품이다.

고소설 『장화홍련전』보다 더 원천 소재인 〈아랑각 전설〉은 경남 밀양 영남루에 얽힌 전설이다. 고소설 『장화홍련전』은 〈아랑각 전설〉을 이어받은 소설인 셈이다. 달리 말하면, 영화 〈장화, 홍련〉은 〈아랑각 전설〉과 고소설 『장화홍련전』, 이 두 편의 원혼 서사의 원귀를 토대로 새롭게 변형한 영화이다. 〈아랑형 전설〉은 한국 공포 영화의 대표적 원혼 모티프이다. 이를 새롭게 현대적으로 재해석하고 변용한 신화적 상상력이야말로 성공적이었다.

최동훈 감독 영화 〈전우치〉는 관객 240만 명을 돌파한 흥행작이다. 고소설 『전우치전』을 변용하여 영화 콘텐츠화에 성공한 작품이다. 원천 소재인 고소설 『전우치전』은 작자와 창작 연대가 미상이다. 고소설 『전우치전』은 조선 시대 15세기 후반에서 16세기 중반에 살았던 실존 인물인 전우치를 모델로 한 소설이다. 전우치가 죽은 뒤 그의 행적이 설화처럼 전해졌고, 그 전승 내용을 17세기 이후에 소설화했을 것이다.

임필성 감독의 영화 〈마담 뺑덕〉은 뺑덕과 심학규가 중심인물이다. 고소설 『심청전』의 주요 메시지는 효이다. 즉, 효 테마 소설이다. 영화 〈마담 뺑덕〉에서 효의 메시지는 증발해 버렸다. 심학규는 금지된 사랑과 욕망에 휘말린다. 뺑덕도 금지된 사랑으로 인해 집착과 복수의 늪에 빠져든다. 심청은 뺑덕에 대한 복수의 수렁에 깊이 빠진다. 뺑덕을 집착과 복수에 눈을 뜬 캐릭터로, 심학규를 욕망에 눈이 먼 냉소적인 캐릭터로, 심청을 아빠의 빚 청산과 눈 수술비 때문에 팔려 가지만, 결국에는 아빠의 눈을 뜨게 해 주는 캐릭터로 변형했다. 그러면서 실명과 광명 모티프라는 오이디푸스 신화적 상상력을 반영하긴 하였지만, 전체적으로 아주 밋밋한 수준이라고 평가해 본다.

고전 문학과 신화적 상상력이야말로 오늘날 영화 콘텐츠의 훌륭한 원천 소재임이 분명하다. 고전 문학과 신화적 상상력을 영화의 소재로 차용하는 이유는 관객들이 낯설지 않은 환상성의 효과를 가장 잘 받아들일 수 있는 서사이기 때문이다. 이처럼 고전 문학과 신화적 상상력을 통해 미래를 꿈꿔 보자.

이번 『문학과 영화의 상상력 이해』는 제5평론집 『영화와 소설 상상력 읽기』의 개정판 형식을 취하면서 그동안 발표한 원고의 일부를 추가하였다. 강의 교재로 활용할 수 있게 재편집하였다. 이 책에서는 현대 소설 상상력 이해, 스토리텔링과 영화 이해, 현대 소설과 영화 상상력 이해, 고소설과 영화 상상력 이해 등과 더불어 문화 콘텐츠 담론의 장을 펼쳐 보고자 한다.

이 책의 대부분 글은 문화 콘텐츠 담론 형식을 취하고 있다. 소논문 형식도 있고, 평론 형식도 있고, 칼럼 형식도 있다.

제1장 '현대 소설 상상력 이해'에서는 현대 소설에 나타난 청산과 인간의 삶을 비롯한 사회적 논쟁, 불안 심리/심리 불안, 동굴 모티프 등을 이해한다. 제2장 '스토리텔링과 영화 이해'에서는 스토리텔링의 개념과 영화 이해, 제3장 '현대 소설과 영화 상상력 이해'에서는 영화 〈은교〉, 〈아내가 결혼했다〉를 중심으로 현대 소설을 영화화한 상상력, 제4장 '고소설과 영화 상상력 이해'에서는 영화 〈마담 뺑덕〉, 〈전우치〉, 〈춘향뎐〉, 〈방자전〉, 〈장화, 홍련〉 등 고소설을 영화화한 상상력을 읽어 보고자 한다.

# 문학과 영화의 상상력 이해

신기용 지음

도서출판 이바구

## 목차

프롤로그 : 고전 문학과 신화적 상상력을 차용한 영화 · 02

### 제1장 현대 소설 상상력 이해

  1. 청산과 인간의 삶 · 10

     – 현대 소설에 나타난 청산의 의미

  2. 장편 소설 『자유부인』의 사회적 논쟁에 관한 현대의 시각 · 21

  3. 남성의 폭력성과 여성의 불안 심리의 대립항 · 27

     – 오정희의 「유년의 뜰」, 「중국인 거리」, 「별사」를 중심으로

  4. 동굴 모티프의 현대적 수용 양상 · 32

     – 터널 모티프를 수렴한 한일 문학 작품의 상징성을 중심으로

  5. 이청준 장편 소설 『당신들의 천국』의 심리 불안 · 52

     – 등장인물 이상욱 과장에게 보내는 위로의 편지

### 제2장 스토리텔링과 영화 이해

  1. 스토리, 스토리텔링, 스크린셀러란 · 58

  2. 스토리텔링 장소의 가치 · 61

  3. 영화의 3장 구조 : 영화 〈친구〉 분석 · 64

문학과 영화의
상상력 이해

## 제3장 현대 소설과 영화 상상력 이해

1. 장편 소설 『은교』를 변용한 영화 〈은교〉의 독자성 · 70

2. 장편 소설 『아내가 결혼했다』를 변용한
   영화 〈아내가 결혼했다〉의 주제 의식 · 91

## 제4장 고소설과 영화 상상력 이해

1. 고소설 『심청전』의 현대적 변용 · 116
   - 영화 〈마담 뺑덕〉의 실명과 광명 모티프를 중심으로

2. 영화 〈전우치〉의 캐릭터 원형 분석 · 126
   - 크리스토퍼 보글러의 영웅 이야기의 원형 분석틀에 의거하여

3. 영화 〈춘향뎐〉과 〈방자전〉의 현대적 변용 · 146

4. 영화 〈장화, 홍련〉의 한국적 공포 스토리텔링 · 168
   - 〈아랑각 전설〉과 고소설 『장화홍련전』의 현대적 변용

에필로그 : 영화와 컴퓨터 그래픽의 관계, 바늘과 실 · 199

## 제1장

# 현대 소설 상상력 이해

1. 청산과 인간의 삶
   - 현대 소설에 나타난 청산의 의미
2. 장편 소설 『자유부인』의 사회적 논쟁에 관한 현대의 시각
3. 남성의 폭력성과 여성의 불안 심리의 대립항
   - 오정희의 「유년의 뜰」, 「중국인 거리」, 「별사」를 중심으로
4. 동굴 모티프의 현대적 수용 양상
   - 터널 모티프를 수렴한 한일 문학 작품의 상징성을 중심으로
5. 이청준 장편 소설 『당신들의 천국』의 심리 불안
   - 등장인물 이상욱 과장에게 보내는 위로의 편지

# 1.
# 청산과 인간의 삶

— 현대 소설에 나타난 청산의 의미

## 1.1. 들어가기

'청산(靑山)'이라 하면 대개 "살어리 살어리랏다 청산에 살어리랏다"로 시작하는 고려 속요 「청산별곡」과 『청구영언』에 실려 있는 작가 미상의 평시조 "나뷔야 청산 가쟈 범나뷔 너도 가쟈"를 떠올린다. 전자를 떠올리는 이유는 '이상향(유토피아)' 혹은 '피난처'로서의 청산과 그냥 '푸른 산'을 겹쳐 놓고 청산에 살고 싶어 하기 때문일 것이다. 후자를 떠올리는 이유는 세속적인 삶을 벗어나 자연에 동화한 삶을 영위하려는 마음으로 자연 생태적 삶을 살고 싶어 하기 때문일 것이다.

두 편 모두 '청산'은 흔히 말하는 푸른 산만을 의미하지 않는다. 또한, 깊은 산이나 높은 산만을 의미하지도 않는다. 달리 말하면, 세속과 동떨어진 자연의 세계를 의미하기도 하고, 삶의 이상향을 의미하기도 한다. 즉, 때 묻은 속세의 더러움을 멀리할 수 있는 공간, 혹은 이상향의 철학적 삶을 영위할 수 있는 공간을 의미한다. 이것은 삶의 존재본적 유한성의 시간을 뛰어넘은 무한성의 이상적 공간을 의미할 수도 있다. 즉, 현세의 시·공간을 초월한 내세의 세계로 확장하는 의미일 수도 있다.

현실 속의 '청산'은 무엇을 의미할까? 우리 역사의 동학 혁명과 6·25 한국 전쟁에서의 청산은 '이념 갈등과 대립의 상징'이기도 하면서 '피난처'임과 동시에 '투쟁의 근거지'이기도 하다. 나아가 현대인에게는 '휴식의 공간' 혹은 '치유의 공간'으로 사랑을 받기도 하고, '자연 친화적인 생태주의적 삶'의 표상이기도 하다. 또한, 도교 풍수 사상의 '청산'은 현세에서의 이상향을 실현할 수 있는 공간, 사후 세계에서의 후손에게 복을 안겨 주는 공간, 즉 명당을 일컫기도 한다. 이것들이 현대 소설의 허구로도 종종 우리와 조우한다.

## 1.2. 현대 소설에 나타난 청산의 의미

'청산', 우리 현대 소설에서는 어떤 의미로 나타날까? 현대 소설에 나타난 청산은 인간의 삶을 직접 해결하기 위한 공간도 아니요, 어떤 물질적 획득을 위한 공간도 아니다. 즉, 현대 소설 속의 청산은 인간의 삶에 직접 영향을 미치는 사상이나 사물이 아니다. 하지만 현대 소설에서도 〈청산별곡〉과 옛시조처럼 청산을 통해 무위자연의 삶을 누리고, 새로운 세계로 향한 이상향을 꿈꾼다. 앞에서 언급한 바와 같이 '피난처', '이념 갈등과 대립적 공간', '투쟁의 근거지', '휴식의 공간', '치유의 공간', '자연 친화적인 생태 공간', '사후 세계의 공간' 등으로 나타나기도 한다.

그 이유는 무엇일까? 인간의 삶에 어떤 쓸모와 관계없이 청산이라는 말 그 자체만으로도 우리의 상상력을 증폭시키고, 꿈을 심어 줄 수 있기 때문일 것이다. 따라서 청산이 무엇을 의미하는지 현대 소설을 통해 살펴보기로 한다.

## 1.2.1. 김제철의 중편 소설 『그리운 청산』

김제철의 중편 소설 『그리운 청산』(민음사, 1988)을 김우창 문학평론가는 "기발한 작품"이라고 말하면서 "따분한 발상들의 따분한 이야기에 대한 하나의 반대 명제를 제공한다."라고 말하였다. 또한, 유종호 문학평론가는 "매우 독특한 작품"이라고 말하면서 "고려 가사 「청산별곡」 연구의 궤적을 그려 간다는 구성을 취하면서 고려 시대의 액자 소설과 '남준'이라는 인물의 수수께끼를 찾아 나선다는 일종의 역사 추리 소설의 형태를 취하고 있다. (……) 극히 독자적이다. 또 규모도 크고 문장력에도 적지 않은 내공이 보이는 문장이다."라며 극찬한 소설이다. 이처럼 「청산별곡」의 작가와 청산의 의미, 수요자층(향유층) 등에 대해 의문을 품고 집요하게 그 의문의 열쇠를 추적한다. 그중에서 청산의 상징적 의미를 풀어내는 것을 대명제로 삼고 있기도 하다. 아래 대화(18쪽) 내용을 읽어 보면 이 소설에서 청산의 상징적 의미를 어떻게 인식하는지 실마리를 찾을 수 있다.

"(……) 청산은 뭘 의미할까요?"
"지금까지의 논의로는 피난처로서의 이미지가 바로 그거지. (……) 암울한 현실에서 그 현실과 반대되는 이상향을 그릴 수도 있겠지만 보다 상황이 절박할 땐 도피할 수 있는 공간의 확보가 우선일 테니까"
"저는 청산을 일종의 상징으로 봤습니다만 선생님은 실제 청산으로 생각하시는 것 같군요?"
"여러 학설이 있으나 난 그렇게 봐요. 윤 군의 말대로 상징적이라면 그 상징은 청산으로 속하지 구태여 후반부에 바다가 다시 등장할 필요가 있을까?"

인용문에 나오는 고려 속요 「청산별곡」에 나타난 '청산'의 의미에 관한 대화이다. 이처럼 인간의 삶에 있어서 '물의 대응 요소', '이상향(유토피아)', '피난처'로 인식하기도 하고, 뜻 그대로 그냥 '푸른 산'으로 인식하기도 한다. 이 소설의 등장인물들은 「청산별곡」의 성격에 대한 다양한 주장을 펴고 있다. 그 예로 "청산별곡이 남녀상열지사라는 대목에선 선뜻 공감하기가 힘들었다. 청산별곡을 사랑 노래로 보는 건 너무 피상적인 관찰이 아닐까."(14쪽)라는 진술처럼 '청산'의 다양한 의미를 찾고 있다. 이 소설에서 실제 대학의 고전 문학 강의에서 다루는 「청산별곡」의 다양한 의미를 허구의 세계로 옮겨 놓고 그 의미를 재해석하고 있다.

이처럼 작중에서 머루와 다래를 먹고 살겠다는 구절이 전해 주는 절박감이 묻어나는 것을 보면 청산을 하나의 상징으로만 해석하기에는 많은 상상력이 자리 잡고 있다. 또한, 「청산별곡」의 "주인공을 반란군으로 해석하는 또 하나의 강력한 학설을 부정하는 단서로 적절한 반면, 쟁기에 이끼가 끼었다는 사실에선 피난민으로서의 평상적인 삶의 전면적인 경지가 오래전부터 계속되어 왔음을 알 수 있었다."(71쪽)라는 진술에서 그 '청산'의 의미를 여러 각도에서 해석하고자 하는 상상력을 투영한 것을 읽을 수 있다.

### 1.2.2. 송기원의 장편 구도 소설 『청산』

송기원의 장편 구도 소설 『청산』(창작과비평, 1997)은 국선도의 청산거사라는 도인에 대한 인물과 단전 호흡 수련에 관한 실화를 가미한 소설이다. 화자는 계룡산에 산 이상의 의미를 부여하고 있다. "갓난아이 적부터 나에게 계룡산은 말동무이자 친구가 되었고 훗날에는 자연스럽게 스승이 되어 있었던 것이다. 계룡산 자락에 자리 잡고 있던 신도안이라는, 지금은 자취도 없이 사라져 버린 종교적인 마을에서 나는 태어나 유년기와 소년기를 보내며 성장했다. 우리 윗대 할아버지들이 언제부터 신도안에 들어와 살았는지는 확실하지 않다. 아버지의 할아버지, 그러니까 나로서는 고조할아버지 때부터가 아닌가 싶다."(26쪽)라며 아버지와 조상의 얼이 깃든 모태 고향의 그림자임을 진술하고 있다.

또한, 화자는 "내가 굳이 계룡산을 택해 입산한 것은 나에게는 그 산이 바로 아버지와 다름없는 산이기 때문이었을 것이다. 나는 그런 아버지의 춥고 쓸쓸한 사후의 세계로 가서 아버지의 혼백이라도 만나고 싶었다. 어쩌면 그 일이 내가 세상에서 이루어야 할 가장 큰일일지도 몰랐다."(28쪽)라며 계룡산을 아버지의 그림자로 여김과 동시에 아버지의 사후 세계가 펼쳐지는 곳으로 인식하고 있다. 그뿐만 아니라, 화자는 죽은 자가 잠든 사후 세계를 펼치는 곳으로 인식한다. 그 대화(29쪽)를 읽어 본다.

"저 새 형수를 집에 두지 않고 왜 산으로 데려가나요?"
장례 길에서 내가 숨을 헐떡이며 내처 묻자 이웃집 아저씨는 심드렁한 표정으로 마지못해 무겁게 입을 열었다.
"죽었기 때문이여."
"죽어도 함께 살면 안 되나요?"

화자는 어릴 적에는 죽음에 관해 알 리가 만무했다. 그 영향으로 성장하면서 어느 순간, "죽음은 새로운 삶으로 거듭나기 위한 일종의 중간 상태임을 가르치는 윤회 사상이나 '나는 누구이며 무엇인가? 탄생은 왜 있으며 죽음은 왜 있는가?' 하는 질문을 던지는 다분히 신비주의적인 구도자들의 영적인 세계에 빠져들고 있었던 것이다."(31쪽)리며 탄생, 죽음, 재생의 의미로 청산을 인식한다. 나아가 "도를 닦으려면 우선 이 산하고도 한몸이 되라고. 도(道)란 그렇게 자기를 없애고 나를 다른 것들과 한몸이 되게 하는 거다."(94쪽)라며 산과 몸을 일치시키는 것이야말로 도임을 진술하고 묘사하기도 한다.

  화자가 산의 일부로 변해 가는 것을 묘사하기도 한다. "해종일 이 산에서 저 산으로 오르내리고, 더우면 계곡에서 멱을 감고, 배가 고프면 참마나 돼지감자 따위의 먹을 것을 캐거나 산딸기나 산뽕나무 같은 산과일을 따먹기도 하고, (……) 자신도 모르는 사이에 어느덧 산과 어우러져서 자신 또한 산의 일부가 되는 법을 배워 나갔다."(95쪽)라며 청산은 인간에게 자기의 것을 내어 주고 인간은 청산에 순응하는 자연 친화적 삶을 묘사하고 있다.

  사조는 "역시 자리를 잘 잡았어. (……) 이 골짜기를 중심으로 자하(紫霞)가 십여 리에 걸쳐 깔려 있더구먼. 여기까지는 피비린내가 못 미칠 거야. 이번 환난은 비결에도 나와 있지만 사람의 힘으로는 어떻게 해 볼 수도 없으니, 모쪼록 어려운 시기를 잘 넘기게나."(157-158쪽)라는 수수께끼 같은 말을 남기고 떠났다. 또한, "이때가 바로 산 아래 세상에서는 6·25 한국 전쟁이 한창인 무렵으로, 난데없이 이데올로기 싸움에 휘말려, 동족 간에 서로가 서로를 죽이는 피비린내가 온 나라를 뒤덮고 있었다."(158쪽)라는 진술은 6·25 한국 전쟁이 발발했는지도 모르고 깊은 산에서 수련하였음을 암시하고 있다.

  소설의 후반부에서 청산이 수련을 하고 산에서 내려왔을 때는 이미 6·25 한국 전쟁은 끝났고, 청산의 머릿속에는 그런 이데올로기가 자리 잡지 못한 상태였다. 그래서 "청산을 아예 정신이 약간 모자란 정신 박약쯤으로 취급을 해 버린 눈치였다. 그동안 사회와는 완전히 격리된 채 산에서만 지내와, 북한의 존재는 물론이거니와 심지어 6·25 한국 전쟁이 일어난 사실마저도 모르는 청산의 어떤 비현실적인 무지가, 그들에게는 일종의 정신 박약으로밖에는 여겨지지 않은 것이었다."(271쪽) 이처럼 이 소설에서 청산 거사는 피비린내를 풍기는 전쟁마저 침범할 수 없는 공간인 '청산'에서 수련하였음을 묘사하고 있다.

산이 사람과 비슷함을 이 소설에서 강조한다. "옛말에 '산이 후덕하면 사람이 인후 관대하고, 산이 수척하면 사람이 편협하며, 산이 맑으면 사람이 귀히 되고, 산이 부서져 내리는 듯하면 사람이 비참하게 되며, 산이 돌아들면 사람이 모이고, 산이 달아나면 사람이 흩어지게 된다. 산이 길면 사람이 용감하고, 산이 작으면 사람이 좀스러우며, 산이 밝으면 사람이 품달하고, 산이 어두우면 사람이 우매해지며, 산이 순하면 효자가 나고, 산이 역하면 믿을 수 없는 사람이 난다.'하였다. 그런데 이러한 땅의 기운이 자칫 사람들의 욕심에 의해 잘못 훼손되기도 하니, 그게 바로 자자손손 부귀를 누리기 위해 명당자리를 찾아 묏자리를 쓰는 따위니라."(259쪽) 이처럼 산과 인간이 비슷한 형상을 하고 살아가고, 산과 인간이 친밀한 관계임을 묘사하고 있다.

### 1.2.3. 홍석화의 생태 소설 『청산에 살어리랏다』

홍석화의 생태 소설 『청산에 살어리랏다』(세계인, 1999)는 한국판 유토피아 소설이라고 불린다. 즉, 토종 생태 소설이라는 말이다. 그는 스스로 '토종 뒷간 연구가', '토종광대'라고 부른다. 1990년대 후반에 토종 생태 마을 형성을 현실화하기 위해 생태적 삶을 살아가는 사람들의 모습을 소설화한 것이다. 생태 마을의 다양한 구성원이 등장하여 생태적 삶, 즉 청산에서의 삶을 이야기로 엮어 나가는 다큐멘터리 형식의 소설이다. 소설 중간중간의 삽화는 마치 영상 다큐멘터리 못지않은 구성을 하고 있다.

밤에 짐질 내 들려오는 부수한 뭇 생명들의 소리, 그 소리들 또한 마을 집에서 잠자리 들 때 듣던 소리와는 사뭇 달랐다. 이 깜깜한 한밤중에도 지상에서 살아 숨 쉬는 온갖 것들은 나름대로의 생명 기운들을 뿜어내는 것일지니… 아무튼 가슴을 열고, 귀를 열고, 들으면 들을수록 이 소리들이 이루어 내는 기묘하고도 장엄한 '오케스트라'는, 아무것도 아닌 듯하지만 아주 벅찬 무언의 울림을 모두의 온 몸뚱이에 전해 주곤 하였다.

— 『청산에 살어리랏다』, 196쪽에서

이처럼 저자는 『청산에 살어리랏다』라는 소설을 통해 '토종 생태 마을'의 청사진을 제시하면서 현실화를 꿈꾼다. 한백산(한라산과 백두산에서 따온 이름) 자락의 가상 마을인 남향의 '청산'에는 전통 옹기를 굽는 사람, 밭작물을 잘 짓는 사람, 풍수와 수맥을 잘 보는 거사, 미용사 출신의 독신남 등 다양한 인물이 모여 산다. '청산'에서의 생태적 삶에 관한 실현 가능성에 무게를 두고 이야기를 이끌어 나간다. 다시 말하면, 흙의 소중함을 일깨우고, 자연환경과 땅을 살리려는 땀방울을 존중하면서 생태적 삶을 영위하고자 하는 사람들의 이야기이다. 그들은 친환경적 삶의 공동체를 꿈꾸는 사람들이다. 이처럼 소설 속 인물들은 세상에서 지친 몸과 정신을 치유하는 삶을 살아가면서 서로 따스한 가슴으로 '청산' 공동체를 만들어 이상향을 꿈꾼다.

지금(2013)의 시각으로 보면 아마도 저자는 휴식이 필요한 현대 도시인들의 대안적 삶을 생태적 관점에서 제시한 것임이 분명하다. 지금은 귀농 혹은 귀촌하여 생태적 삶을 살아가는 사람들이 증가하는 추세이고, 많은 사람이 은퇴 후 생태적 삶을 꿈꾸고 있다. 이러한 삶의 경향만 보더라도 '청산'이라는 화두는 우리의 삶을 인간답게 하는 원천임이 분명하다.

## 1.2.4. 이병주의 대하소설 『지리산』

　이병주의 대하소설 『지리산』(기린원, 1985)은 1938년부터 1956년까지 민족의 비극적 굴곡을 배경으로 한 소설이다. 특히 지리산의 공간에서 펼쳐진 해방 전 항일 투쟁 빨치산은 물론이고, 6·25 한국 전쟁이라는 비극적 시점의 빨치산을 쟁점화한 소설이다. 등장인물에 초점을 맞춰 빨치산 활동을 한 좌익 청년들의 운명이 파라노마처럼 펼쳐진다.
　이 소설에서 지리산은 무엇을 의미할까? 투쟁의 근거지로서의 '청산'이라고 말한다면 무리일까? 분명한 것은 빨치산을 상징하는 공간이다. 다시 말하면 민족 비극의 현장이다. 부정의 빨치산과 긍정의 토벌대가 장기간 전투를 벌였던 곳으로 이념 대립적 모순이 총성의 아픔과 함께 서려 있는 곳이다. 물론 빨치산 하면 부정의 빨치산만 존재했던 것은 아니다. 항일 투쟁의 긍정의 빨치산도 존재했음을 지리산은 알고 있다. 이 소설에서도 해방 전 항일 투쟁 빨치산의 근거지로서 지리산도 함께 묘사하고 있다. 오늘날에는 해방 전 민족적 긍정의 지리산 항일 투쟁 빨치산과 만주 항일 투쟁 빨치산마저 해방 후 이념의 대립이 부른 부정의 빨치산의 그늘에 묻혀 버렸다. 6·25 때 부정의 빨치산을 섬멸하기 위해 대대적인 긍정의 토벌 작전이 성공하지 않았다면 이념의 대립에 의한 민족의 비극은 더 참혹했을 것이다. 이 소설에 나타난 '지리산', 즉 '청산'의 상징적 의미에 관해 줄거리를 통해 곱씹어 봄이 좋겠다.

　1943년 말, 일본에서 유학하던 박태영은 징병령에 의한 학병 입영을 거부하고 학교 선배 하준규와 함께 항일 투쟁을 하기로 의기투합한다. 귀국 후 두 사람은 덕유산 은신골로 들어간다. 그들은 항일 무장 투쟁 단체 보광당을 조직하고, 투쟁 본거지를 지리산 칠선계곡으로 옮기고, 경찰서를 습격하여 체포된 동료를 구출하기도 한다. 1946년 10월, 조선공산당이 주도한 10월 항쟁이 실패로 돌아가자 하준규·노동식·차범수 등은 다시 지리산으로 들어가 빨치산이 된다. 6·25전쟁 중, 유엔군의 인천 상륙 작전으로 인민군이 패주하자 박태영은 이태와 함께 조선노동당 전라북도당 유격대사령부 산하의 빨치산으로 지리산에 들어간다. 1955년 8월 말, 박태영은 지리산 청학동에서 끝까지 버티다가 '지리산 최후의 빨치산'으로 비극적 종말을 맞이한다. (『지리산』 줄거리)

이처럼 지리산은 '이념의 대립적 공간'을 상징하기도 한다. 이 소설은 전쟁의 비극, 이념의 비극, 분단의 비극, 삶의 비극 등의 서사를 토대로 민족의 비극을 묘사하고 있다. 결국, 비극의 희생양은 우리 민족이다. 역사적 상처와 진실이 휘발되는 현실을 안타까워하는 묘사의 치열성에서 감동이 우러난다. 이념적 대립과 분열이 인간성을 해체해 버렸음을 묘사한 것이다.

대하소설 『지리산』은 박태영을 중심으로 일제의 징병을 피해 입산한 청년 학생들이 빨치산의 전사로 변신해 지리산 일대를 누비고 다니는 비극성을 말하고 있다. 광범위한 시·공간적 배경과 사건을 거느린 채, 민족의 시련기와 젊은 시절이 겹치며 좌우 이념의 대립과 갈등 속에서 방황하는 지식인들의 고뇌와 파란만장한 인생 유전을 다룬 작품이다. 이 소설에 대한 평가는 좌우 이념과 정치 논리에 따라 다르다. 중요한 것은 빨치산 투쟁을 우리 소설사에서 처음으로 다루었다는 점에 의미를 둘 만하다. 이 글에서는 '청산과 인간의 삶'에 초점을 맞추었기에 다른 평가는 유보한다. 아직도 지리산의 비극적 상흔이 이 땅에 남아 있다. 이병주의 『지리산』은 조정래의 『태백산맥』, 김원일의 『겨울 골짜기』, 이태의 『남부군』 같은 빨치산 문학의 물꼬를 튼 작품이다.

## 1.3. 나가기

　김제철의 중편 소설『그리운 청산』에서는 고려 속요「청산별곡」에 나타난 '청산'의 의미를 추적하면서 '물의 대응 요소', '이상향(유토피아)', '피난처', '푸른 산' 등으로 묘사하고 있고, 송기원의 장편 구도 소설『청산』에서의 '청산'은 '모태 고향', '사후 세계', '수련장', '삶의 순응', '피안의 공간' 등 다양하게 묘사하고 있다. 홍석화의 생태 소설『청산에 살어리랏다』에서는 '생태적 삶', '친환경적 삶의 공동체'를 설계하고 있고, 이병주의 대하소설『지리산』에서는 '이념의 대립적 공간', '투쟁의 근거지', '빨치산을 상징하는 공간', '민족 비극의 현장' 등으로 묘사하고 있음을 읽어 보았다. 이 글에서는 언급하지 않았지만, 그 외에도 김주영의 9권으로 구성된 장편 역사 소설『객주』(창작과비평사, 1981)에서는 보부상들의 삶과 청산이 밀접한 관련성이 있고, 김진명의 장편 소설『나비야 청산 가자』(대교베텔스만, 2007)에서는 제목과는 달리 북한 핵과 관련한 소설임을 읽을 수 있다.

　나아가 현대 소설에 나타난 '청산'은 인간의 삶에 대한 이상향을 상징하기도 하고, 그 이상향의 상상력을 무한히 확장해 나가는 정신적 공간을 의미하기도 하다. 그 정신적 공간을 추구하는 인간의 삶과 의식은 피안의 세계를 흠모하기 때문에 이 같은 청산에 관한 상상력을 발휘하는 것이다. 또한, 낭만과 환상의 의미만을 부여하지 않고, 삶의 의미를 새로운 세계로 확장시켜 각성의 세계로 전이하기도 한다.

　우리 선조들은 자연과 산수가 어우러진 경치 좋은 청산에서 즉흥시를 지어 낭송하기도 했다. 돌림으로 시를 지어내지 못하면 벌주 한 잔을 더하는 삶을 즐기기도 했다. 그것이 그리운 시대이다.

# 2.
# 장편 소설 『자유부인』의 사회적 논쟁에 관한 현대의 시각

## 2.1. 들어가기

우리나라 최초의 베스트셀러! 정비석의 소설 『자유부인』(1954)[1]은 한국 문학사에서 전례가 없는 사회적인 관심을 받으며 외설 시비에 올랐었다. 대학 교수의 부인이 가정에서 벗어나 자유를 즐기다 탈선의 길로 빠진다는 당시로써는 파격적인 설정 때문이다. [서울신문]에 연재 70회(주인공이 탈선할 무렵) 이후부터 종료 시까지 폭발적인 관심을 끌었다. 당시 사회 지도층 인사들이 "중공군 40만 명보다 더 무서운 해독을 끼치는 소설, 북괴의 사주로 남한의 부패성을 낱낱이 파헤치는 이적 소설"[2]이라고 폄하 비판했다. 정비석은 여러 계층의 인사들이 올린 투서 때문에 당국의 조사를 받기도 했다. 이처럼 작가에 대한 비난과 작가와의 논쟁이 이 소설을 널리 알리는 계기로 작용해 [서울신문]의 판매 부

---

1) 1956년 영화로 만들어지면서 지속적으로 화제의 중심에 놓였다. 바람난 여성을 모티프로 한 〈자유부인〉, 〈속자유부인〉, 〈90년 자유부인〉 등 비슷한 제목의 아류작들을 지속적으로 만들어 내는 데 큰 영향을 미쳤다. 강옥희, 「대중문화 콘텐츠로서 정비석의 〈자유부인〉 연구」, 『泮矯語文硏究』Vol.34, 반교어문학회, 2003, 341쪽 참조.
2) 정비석 지음, 추선진 엮음, 『자유부인』, 지식을 만드는 지식, 2010, 11쪽 참조.

수는 대폭 증가했고, 대중의 인기를 증폭시키는 원인이 되기도 했다.

## 2.2. 『자유부인』의 배경과 줄거리

『자유부인』은 선정적인 주제로 대중의 관심을 받고 외설 시비에 오르는 등 파격을 감행한 까닭에 보수적인 주제 의식에서 벗어난 소설인 양 생각하기 쉽다. 하지만 작가가 서사의 주제를 통해 오히려 보수적인 가치관을 적극 옹호했다. 『자유부인』은 오선영이라는 한 여성의 행보를 통해 6·25 한국 전쟁 이후의 혼란한 사회상을 보여 주며 이를 비판한다. 또한, 극심해진 여러 계층의 부정부패에 대해, 사회 지도층 인사들을 작품의 중심인물로 설정해 비판함으로써 사태의 심각성을 주장했다. 먼저 줄거리를 읽어 본다.

대학 교수의 아내이며 평범한 가정주부인 오선영이 '화교회' 참석을 계기로 탈선의 길에 빠진다. 그날 오선영은 오랜만에 가정에서 벗어나 거리를 걸으면서 자유를 만끽한다. 가던 길에 만난 옆집 하숙생 신춘호가 오선영의 외모를 칭찬하자 오선영의 마음은 부풀어 오른다. 화교회라는 계모임은 오선영의 삶을 초라하게 만든다. 오선영은 사회 지도층 인사의 부인들이 계모임을 활발하게 하고, 사교춤을 배우며, 애인을 만드는 등 자유로운 생활을 즐김을 알게 된다. 남편의 구속에서 벗어나고 경제적인 궁핍으로부터 자유를 얻기 위해 직업을 가지고자 마음먹는다. 남편의 허락을 얻어 파리양행이라는 양품점을 대리 경영한다. 세련된 여성으로 변신하려고 신춘호에게 사교춤을 배우며 연정을 품고 민다. 그뿐만 아니라 양품점 주인의 남편인 한태석과 양품점을 드나드는 손님들의 은근한 시선도 즐긴다. 신춘호가 오선영의 조카와 결혼을 하고 유학을 떠나자 낙심한 오선영은 한태석과 사교 파티에 참석하고 은밀한 시간을 가지려 한다. 한태석의 아내인 이월선에게 발각되어 망신을 당한다. 장태연은 밤을 새우고 돌아온 오선영에게 집을 나갈 것을 종용한다. 오선영은 집을 나가 생활하면서 자신의 잘못을 크게 뉘우치고, 장태연은 아량을 베풀어 아내를 용서[3]하고 집으로 데려온다.

이처럼 정비석은 사회 지도층의 비윤리적인 행위에 대해 비판하면서 그 비판의 기준을 남성과 여성에게 다르게 적용한다. 작가의 시각에서 보았을 때 여성이 취직해 외간 남자와 접촉하는 것부터가 타락의 시작이다. 파리양행의 주인인 월선을 기생 출신으로 설정했다. 오선영의 출근 첫날부터 파리양행에 드나드는 남자들은 그녀를 유혹한다. 또한, 장태연 교수가 옆집 처녀인 박은미에게 연정의 마음을 품는다. 작가는 윤리적인 인물로 대표하는 대학 교수조차 그릇된 가치관을 지니고 있음을 비판한다. 이러한 작가의 태도는 당시 대학 교수들을 불편하게 만들었다. 이에 서울대 교수로 재직 중이던 황산덕(黃山德) 박사는 서울대에서 발행하는 [대학신문]에 작가가 대학 교수를 조롱하고 있다는 내용의 기고문을 실어 논쟁을 일으켰다.[4]

## 2.3. 『자유부인』의 사회적 논쟁과 그에 대한 논평

'자유부인' 논쟁은 황산덕 교수의 공격으로 시작하였다. 이에 정비석의 반론과 황 교수의 재반론으로 이루어졌다. 서울대 [대학신문]에 실

---
3) 소설은 가부장적 권위와 아이들을 위한 아량으로 선영의 일탈을 끌어안지만, 영화에서는 아들 때문에 받아들인다. 이는 아이 때문에 운명을 결정지어야 하는 60년대 모성 멜로의 기원이기도 하다. 강옥희, 앞의 논문, 340쪽 참조.
4) 정비석 지음, 추선진 엮음, 앞의 책, 12-17쪽 참조.

린 황 교수의 글은 소설『자유부인』을 읽지 않고, 주변 교수들 사이에서 오가는 말을 듣고 흥분해서 쓴 것이다. 특히 대학 교수와 그 부인을 묘사한 방식에 대해 강한 불만을 표출했다. "대학교수를 양공주(洋公主) 앞에 굴복시키고 대학교수 부인을 대학생의 희생물로 삼으려고 하고 있습니다."라며 교수 집단을 옹호하기 위해 '양공주'와 '대학생'을 부정적으로 표현하기도 했다. 한편, 정비석은 그해 6월경, 공무원을 비판하는 대목으로 인해 연재 중단 압박은 물론, 치안국, 서울시청, 특무대에 불려 다니면서 조사를 받았다. 일부 독자들은 남한의 퇴폐상을 고발하는 '이적 행위'로, 여성 독자들은 '여성 모독'이라는 공격을 가하기도 했다. 한편으로는 일본 소설『무사시노 부인(武藏野夫人)』의 모방 시비도 일었다. 정비석에게 하루에도 수십 통씩 독자들의 편지가 날아들었다. 격려의 말 혹은 협박과 욕설이었다. 평론가 곽종원은 "선량하던 가정부인이나 순진한 소녀들이 그 악의 면을 모방한다."라는 생각은 "시아버지나 며느리가 한자리에서 읽어도 얼굴이 붉어지지 않는 소설"을 요구하는 논리이기도 하며 이러한 논리를 받아들인다면 소설의 사회 비판적 기능은 상실할 것이라며 정비석을 옹호하기도 했다. 소설을 연재하던 중에 벌어진 논쟁은 이후 소설의 흐름에 중대한 영향을 미친다.[5)]

정비석의 소설『자유부인』을 많은 평자가 1950년대의 현실과 가치관을 잘 반영한 작품으로 평가한다. 이에 동의한다. 하지만 지금의 시각에서 논평하자면, 논쟁의 시발자인 서울대 황산덕 교수가 소설『자유부인』을 읽지도 않고, 논쟁의 중심에 섰다는 것 자체가 아이러니다. 읽지도 않은 소설을 비판하는 행위 그 자체만으로도 비양심적이고, 비윤리적인 행위이므로 대학 교수로서 수치이고, 지성인으로서 망신살임을 정

---

5) 노지승, 「〈自由夫人〉을 통해 본 1950년대 문화 수용과 젠더 그리고 계층」, 『한국현대문학연구』 Vol.27, 한국현대문학회, 2009, 314-317쪽 참조.

말 몰랐을까?

　이것이야말로 비판받아야 할 대상이자 지성인으로서 사죄해야 할 일이다. 황 교수의 이런 행위는 문학에 관한 상식 부족과 허구에 대한 무지가 낳은 비이성적 행위라고 비판받아도 마땅한 문제이다. 더 무섭게 말한다면, 허수아비 공격을 통해 작가를 빨갱이로 몰아붙인 선전 선동을 일삼은 자, 학자의 양심을 팔아먹은 자 등의 비판을 가하더라도 할 말이 없을 것이다. 이는 서울 가 보지 않은 놈이 서울 가 본 놈에게 큰 소리치는 격이고, 똥 묻은 개가 겨 묻은 개를 나무라는 격이기 때문이다. 작품을 읽지도 않고 비판한 행위는 전지전능하신 하나님을 능가하고자 하는 오만의 극치이다. 당대 한국 최고의 지성인 그룹에 속한 그가 이런 오만한 언동을 만천하에 공개적으로 자행한 이유는 무엇일까?

　당시 대중은 소설『자유부인』의 주인공 오선영의 탈선을 통해 대리 만족을 느꼈다는 것이 정설[6]이다. 그런데 이를 간파해야 할 황 교수는 간파는커녕 이성을 상실한 감정적인 접근을 한 것이다. 세월이 흐르고 흘러도 황 교수의 비이성적인 행위는 인구에 회자하고 비판의 대상으로 남을 것이다.

## 2.4. 나가기

　사고의 폭을 넓히자! 오늘날은 자유주의를 넘어 신자유주의 물결과 함께 문화의 다양성을 수용하고 융화해 나가는 시대이다. 당시 소설『자유부인』을 비판했던 서울대 황산덕 교수를 비롯한 사회 지식인들의 관

---

6) 그 근거는 당시 서울신문사의 설문조사 결과, 70%가 계속 연재를 원했다는 것. 위의 논문. 316쪽. 참조.

점에서 박현욱의 소설『아내가 결혼했다』(2004)와 영화〈아내가 결혼했다〉(2008)를 접한다면 기절초풍할 것이다. 어쨌든 정비석의 소설『자유부인』은 해방 이후 최초의 '원 소스 멀티 유즈'(One Source Multi Use)라고 말해도 과언이 아닐 것이다. 이는 인기 문학 텍스트인 연재소설이 영화와 연극으로의 매체 전환을 통해 문화 콘텐츠로서의 가치를 보여준 해방 이후 첫 사례이기 때문이다. 이처럼 사고의 폭을 확장해 나감은 물론, 상상력의 나래를 펴고 문학 텍스트를 다양한 시각적 텍스트로 전환해 나갈 수 있는 새로운 문화 콘텐츠를 창조해 나가자!

# 3.
# 남성의 폭력성과 여성의 불안 심리의 대립항

– 오정희의「유년의 뜰」,「중국인 거리」,「별사」를 중심으로

## 3.1. 들어가기

 오정희의 두 번째 창작집『유년의 뜰』(1981)[1]은 작가의 전기적인 측면[2]에서 주목받아 왔다. 그중「유년의 뜰」은 홍주에서의 경험을,「중국인 거리」는 인천 차이나타운에서의 경험을 투영한 작품이다.「유년의 뜰」에서는 한국 전쟁 중 유년의 여자아이가 부재하는 부성과 어긋나는 모성, 대리 가장 행세를 하는 오빠의 폭력성 때문에 불안하다.「별사」에서는 집을 나가 돌아오지 않는 남편으로 인해 불안하다. 오정희의 두 번째 창작집『유년의 뜰』에 실린「유년의 뜰」,「중국인 거리」,「별사」를 중심으로 남성의 폭력성(혹은 무관심)과 여성의 불안 심리의 대립항을 살펴보고자 한다.

---

1) 이 연구에서의 작품 텍스트는 '오정희,『유년의 뜰』, 문학과 지성사, 1996 13쇄'이다.
2) 1951년 1월, 어머니가 여섯 번째 아기를 가진 탓에 피난을 가지 못하고 꼬박 서울에서 전쟁을 겪은 오정희의 가족들은 남하하는 국군을 따라 피난길에 오른다. (……) 충남 홍성군 홍주읍 오관리라는 마을에서 피난살이를 한다. (……) 1955년 4월 근 다섯 해에 걸친 피난살이를 마치고 인천으로 이주한다. 인천에서 살았던 4년 동안 세 번 이사하였는데 마지막으로 이사한 집이 만국공원(현 자유공원) 아래의 작은 집으로, 길 건너에 차이나타운이 있었다. 우찬제,『불안의 수사학』, 소명출판, 2012, 273-274쪽 참조.

## 3.2.「유년의 뜰」과「중국인 거리」에 나타난
## 남성의 폭력성과 여성의 불안 심리

　오정희는 그 누구보다도 집요하게 여성성을 탐색하고자 한 여성 작가로 정평이 나 있다. 그녀는 여성의 몸을 관찰하면서 세계의 운명을 응시할 줄 아는 작가에 속한다. 그녀가 보기에 현실적 삶에 있어서 여성 구성체는 온전치 못하다. 탈난 형상이요, 결핍의 상태이며, 불안의 초상이다. 먼저「유년의 뜰」을 가로지르고 있는 여자아이가 눈에 띈다. 한국전쟁의 와중에 피난지에서 외할머니와 어머니, 오빠와 언니, 동생과 더불어 곤고한 생활을 하는 아이다. 언제 돌아올지 모를 아버지를 기다리던 어머니는 차츰 술을 마시고 수상한 외박을 하곤 한다. 그럴 때마다 오빠는 언니를 가학적으로 때린다.[3] 오빠의 가학적 폭력성이 어린 주인공은 물론 언니를 불안에 떨게 한다.

　　㉠오빠의 매질은 무서웠다. 오빠는 작은 폭군이었다. 아버지가 떠난 이래 오빠는 은연중 가장의 위치로 부상했고, 더욱이 어머니가 읍내 밥집에 나가게 되면서부터, 그리고 수상쩍은 외박으로 우리에게서 비켜서고 있음을 (「유년의 뜰」, 25쪽에서)

　　㉡어머니는 일곱 번째 아이를 배고 있었다. 가난한 중국인 거리에 사는 우리들 중 아기는 한밤중 천사가 안고 오는 것이라든지 배꼽으로 방긋 웃으며 나오는 것이라는 것을 믿는 아이는 아무도 없었다. 여자의 벌거벗은 두 다리 짬에서 비명을 지르며 나온다는 것쯤은 누구나 다 알고 있었다. (「중국인 거리」, 71쪽에서)

　　㉢나는 사라리 숙여 달라고 부르짖는 어머니의 비명과 언제부터인가 울리기

---
3) 위의 책, 289쪽 참조.

시작한 종소리를 들으며 죽음과도 같은 낮잠에 빠져들어 갔다./ 내가 낮잠에서 깨어났을 때 어머니는 지독한 난산이었지만 여덟 번째 아이를 밀어내었다. 어두운 벽장 속에서 나는 이해할 수 없는 절망감과 막막함으로 어머니를 불렀다. (……) 그 열기의 정체를 찾아내었다./ 초조(初潮)였다. (「중국인 거리」, 81쪽에서)

「유년의 뜰」의 문제성은 무엇일까? 결론부터 말하면, ㉠처럼 오빠의 폭력성이다. 즉, 남성의 폭력성에 노출된 여성의 불안 심리의 대립항이 문제의 핵심이다. 오빠는 공포의 대상이다. 부재하는 부성과 어긋나는 모성 때문에 오빠가 대리 가장 행세를 한다. 그 오빠의 폭력성으로 인해 언니는 물론 식구들이 불안 심리를 드러낸다. 여성의 불안 심리를 잘 형상화하여 서술한 작품이다. 따라서 오빠의 존재 방식과 폭력성을 바라보는 주인공 여자아이의 내면 정경에 주목해 볼 필요성이 있다. 여자아이의 눈에는 오빠가 완고한 가부장제의 비뚤어진 대리인으로 보인다. 오빠가 폭력성을 드러내는 것은 가부장적 질서를 장악하기 위함이다. 폭력을 당하는 언니와 이를 보는 식구들은 늘 불안하고 공포에 떤다. 주인공 여자아이는 오빠의 폭력성 그 이면을 통해 연민의 정서를 자아낸다. 나아가 부끄러움과 서러움의 불안 심리를 드러낸다.

이 같은 불안 심리는 「중국인 거리」에서도 나타난다. 아버지는 돌아왔다. 전쟁이 끝난 것이다. 초교 3학년인 주인공 여자아이가 초점자다. 성장의 의미 있는 여러 국면을 새롭게 접한다. 출산 혹은 탄생과 죽음의 정서를 간접 체험한다. 그리고 초조(初潮)와 사춘기를 맞이한다. 더 자세히 말하면, ㉡처럼 어린 나이에 탄생의 비밀을 알게 되고, ㉢처럼 어머니의 출산을 통해 불안과 공포에 휩싸이기도 한다. 주인공 여자아이의 눈에는 어머니의 다산이 고통스럽다. 나아가 할머니는 병들어 죽고, 매기 언니는 지아이에게 학대당해 죽는다. 주인공은 죽음과 출생에 대한 처절한 간접 체험을 한다. ⓒ의 마지막처럼 '초조'를 경험하면서 끝을 맺는다. 이것은 어린 여자아이로서의 불안 심리를 떨치고 성숙한 여성으로 거듭남을 의미한 것은 아닐까?

## 3.3. 「별사」에 나타난
### 가정에 무관심한 남성과 여성의 불안 심리

오정희의 소설 「별사」만을 별도로 떼어 낸 소설집 『별사』(지식더미, 2007)의 '책머리에'서 이태동 문학평론가(서강대 명예교수)는 "오정희 작품 가운데서도 「별사」는 가장 뛰어난 장인(匠人)의 솜씨를 보이고 있는 대표적인 예다."[4]고 강조했다. 한편, 오정희는 이 책의 '작가와의 대화'에서 남편의 죽음을 '상상 속의 죽음'이라고 생각하고 썼다는 점, 삶과 죽음, 현실과 환상을 다뤘지만 소설 기법상 미숙했던 점, '군대 행렬의 상징성'을 그 당시의 분노와 불안과 두려움에 차 있는 사람들에게 군대의 모든 표지는 폭압의 상징이라 여겨 썼지만, 소설가로서의 치밀하지 못했던 점, '신들내 하늘재'의 의미가 공간적이면서 시간적 의미를 지닌 지명이고, 이상향이면서, 지상에서는 이룰 수 없는 소망이나 아름다움을 상징적 언어로 표현한 '제의적 표현'이라는 점을 밝혔다.[5]

㉣옷에는 그가 다닌 숱한 곳의 냄새, 정옥이 결코 가 본 적이 없는 곳의 바람과 햇빛, 이슬, 스쳐간 사람들의 냄새, 불안한 행려(行旅)의 냄새가 배 있었다./ 주머니에서는 찍힌 도장의 날짜를 알아보기 어려운 구겨진 극장표, 유원

---

4) 오정희, 『별사』, 지식더미, 2007, 9쪽 참조.
5) 위의 책, 86-104쪽 참조.

지의 입장권, 때묻은 손수건, 담재 가루 따위가 묻어 나왔다. 있을 법한 메모 한 장 남기지 않았다. (「별사」, 189쪽.)

「별사」의 문제성은 무엇일까? 결론부터 말하면, ㉢처럼 집을 나가 돌아오지 않는 남편으로 인한 여성의 불안 심리이다. 즉, 남편의 가정에 대한 무관심과 여성의 불안 심리의 대립항이 문제의 핵심이다. 주인공 정옥은 남편의 장기간 가출에 대해 불안한 심리를 드러낸다. 심지어 남편이 죽었을 것이라는 상상에 이르는 불안한 예감으로 발전하기도 한다. 이것은 불확실한 미래에 대한 허무 의식으로 나타나기도 한다. 주인공 정옥은 불안 심리를 떨치기 위해 상상적 미망인 의식으로 남편에 대한 애도 작업을 수행하기도 한다. 이 같은 상상적인 애도 작업을 통해 상상적 미망인 의식을 떨쳐 낸다. 나아가 그 불안 심리에서 벗어나 집으로 돌아간다.

## 3.4. 나가기

오정희의 두 번째 창작집 『유년의 뜰』에 실린 「유년의 뜰」, 「중국인 거리」, 「별사」에서의 남성들의 태도는 가히 문제적이다. 가정에 무관심하거나 가학적 폭력을 행사하기도 한다. 「별사」에서는 가정에 무관심한 남편, 「유년의 뜰」에서 가부장적 폭력을 가하는 오빠, 「중국인 거리」에서는 매기 언니가 지아이에게 학대당해 죽는 등 남성들이 문제적이다. 결국, 이들 남성이 여성들을 불안에 휩싸이게 한다. 오정희 소설에서 가부장적 남성의 폭력성이야말로 여성의 불안 심리의 대립항으로 장치해 놓았음을 읽을 수 있었다. 이처럼 남성 폭력성과 여성의 불안 심리의 대립적 공존을 통해 현대 여성들의 정신적 해방을 꿈꾸고 있는 것은 아닐까?

# 4.
# 동굴 모티프의 현대적 수용 양상

– '터널' 모티프를 수렴한 韓日 문학 작품의 상징성을 중심으로

## 4.1. 서론

　한국과 일본 문학 작품에 나타난 터널의 상징성을 중심으로 연구하고자 한다. 윤동주 시인의 산문 「終始(종시)」에 나타난 터널의 상징성을 소개한 뒤, 일본의 가와바타 야스나리[川端康成]의 노벨문학상 수상작인 중편 소설 「설국」과 처녀 단편 소설 「이즈의 춤추는 소녀」에 장치된 '터널'의 상징성을 살펴보고, 한국 현대 소설 이병주의 『지리산』, 황석영의 『바리데기』, 이승우의 「터널」에 나타난 '터널'의 상징성을 연구하고자 한다.

　논리 전개를 위해 필요한 윤동주의 시 「달같이」와 「비 오는 밤」, 산문 「별똥 떨어진 데」, 김규동의 시 「장송의 노래 – 병상의 연대에서」, 일본의 무라카미 하루키의 장편 소설 『1Q84』, 황석영의 장편 소설 『강남몽』, 곽경택 감독의 영화 〈친구〉, 박규택 감독의 영화 〈터널 3D〉를 부가적으로 연구 대상으로 삼고자 한다.

　연구 방법은 한일 문학 작품 중에서 '터널' 모티프가 나타난 주요 텍스트를 분석하여 '터널'의 상징성을 비교해 보고, 테마 비평 형식으로 연구하고자 한다. 한일 비교 문학 관점이 아닌 '터널' 모티프를 수렴한

한일 문학 작품의 주요 텍스트 분석을 통해 '터널'의 상징성을 살펴보면서 개별 작품에 나타난 '터널'의 상징성을 테마 비평하는 데 무게를 두고자 한다. 이에 문헌 고찰 방법을 병행하면서 가스통 바슐라르의 『공간의 시학』과 『대지 그리고 휴식의 몽상』을 비롯한 심리학과 정신분석학 이론을 작품에 대입하여 테마 비평하고자 한다.

소설가는 '터널'과 같은 공간에 상징과 우의를 담아서 이야기를 이끌어 나가기도 한다. 플라톤의 '동굴의 비유'는 인간 사회와 삶에 대한 비유이다. 이것은 인간이 진리를 보지 못하고 삶 속에 갇혀 있음의 상징이다. 단군 신화에서의 동굴은 사람이 되기 위한 '인고의 공간'이다. 참고 견디면 밝은 미래가 있음의 상징이다. 도교에서 동굴은 '신선이 사는 집'이다. '깨달음'의 상징이다. 그 외 동굴의 상징은 가입식을 거행하는 '신성한 곳'이기도 하고, 은자들의 '은둔처'이기도 하다. 또한, 죽은 자의 자연적인 '무덤'이기도 하다.

현대인은 지하철과 지하 시설물 등과 같은 거대한 인공 터널 속을 하루에도 몇 번씩 드나든다. 우리는 일상에서 "어둠의 긴 터널을 지나", 또는 "어둠의 긴 터널을 뚫고"라는 말을 자주 쓴다. 이것은 터널이라는 공간 자체가 어둠(부정)과 밝음(긍정)의 뜻을 함께 담고 있기 때문이다.

인간은 빛, 즉 밝음을 갈망하는 존재이다. 빛은 어둠이라는 '무지'에서 밝음이라는 '깨달음'으로 옮겨 가는 경계에서 안내자 역할을 한다. 그래서 '터널'은 어둠 그 자체로는 절망의 표상이지만, 빛을 가미하면 희망의 표상이기도 하다.

우리나라와 일본의 문학 작품에 나타난 '터널'의 상징성은 대개 시간의 경과를 나타내거나 공간의 이동을 나타낸다. 가와바타 야스나리는 허구의 이야기를 끌어가기 위한 수법으로 '터널'이라는 공간을 끌어들여 현실과 비현실의 경계선으로 상징적 장치를 하였다. 윤동주는 산문 「종시」에서 '터널'이라는 공간에 일제 강점기 우리 민족의 고통과 희망을 겹쳐 놓고, '암흑시대'인 터널을 벗어나면 '광명의 천지'가 있음을 상징적으로 표현하였다. 이병주는 『지리산』에서 비현실 세계로의 진입을 상징함과 더불어 종착역이라는 의식을, 황석영은 『바리데기』에서 '죽음'과 '새로운 삶(희망)'을, 이승우는 「터널」에서 현대 문명의 답답함을 암시하면서 '죽음'과 '재생'을 상징화하였다.

이처럼 소설에서 현실과 비현실 세계의 경계나 통로 역할을 하는 공간, 즉 '터널', '계단', '지하'[6], '다리', '강' 등과 같은 공간 모티프의 상징적 장치에 관해 더욱더 깊이 연구할 가치가 있다고 확신한다.

먼저 윤동주 시인의 산문 「종시」에 나타난 터널의 상징성을 소개한 뒤, 가와바타 야스나리의 노벨문학상 수상작인 중편 소설 「설국」과 처녀 단편 소설 「이즈의 춤추는 소녀」[7]에 장치된 '터널'의 상징성을 살펴보고, 한국 현대 소설 이병주의 『지리산』, 황석영의 『바리데기』, 이승우의 「터널」에 나타난 '터널'의 상징성을 읽어 보려 한다.

## 4.2. 윤동주의 산문 「종시」에서 터널의 상징성

윤동주 시집 『하늘과 바람과 별과 시』(정음사, 1955)에 수록된 산문 「종시」[8]에서 고통(암흑의 시대)과 희망(광복)의 상징으로 '터널'이 등장한다. 그는 첫머리에서 "종점이 시점이 된다. 다시 시점이 종점이 된

•••

6) 정신분석가 C. G. 융은 집에 늘상 따라다니는 공포를 분석하기 위해 지하실과 지붕 밑 곳간의 두 이미지를 이용했다. 가스통 바슐라르, 곽광수 옮김, 『공간의 시학』, 동문선, 2003, 97쪽 참조.
7) 伊豆の踊子 : 1926년 『문예시대(文芸時代)』 1월호에 「伊豆の踊了」, 2월호에 「續伊豆の踊子」로 연재하였다. 우리나라에서는 '이즈의 무희(舞姬)', '이즈의 무기(舞妓)', '이즈의 여로(旅路)' 등 다양하게 번역 출판하였다. 우리말에 踊子[오도리코]와 의미가 일치하는 낱말이 없기 때문이다. 본고에서는 '춤추는 소녀'로 번역한다. – 이즈 : 일본 중부지방 동남부 태평양 연안의 이즈반도(伊豆半島)를 일컫는 지명이다.
8) 「종시」의 창작 연도는 밝혀지지 않았다. 《신천지》(1948, 11·12월 합병호)에서 빛을 본 후, 윤동주 10주기 기념 유고집 『하늘과 바람과 별과 시』(정음사, 1955)에 수록된 시 88편과 산문 5편 중 하나이다.

다."라고 언급한 뒤, 전환하는 문단에서 기차에서 내리면 "나는 종점을 시점으로 바꾼다. 내가 내린 곳이 나의 종점이요, 내가 타는 곳이 나의 시점이 되는 까닭이다."라며 시작과 끝의 공간적인 지점은 결국 하나임을 표현하면서 그 종시의 공간이 바뀌어야 한다는 것을 암시한다.

시인 윤동주는 이 산문에서 "이윽고 터널이 입을 벌리고 기다리는데 거리 한가운데 지하철도(地下鐵道)도 아닌 터널이 있다는 것이 얼마나 슬픈 일이냐, 이 터널이란 인류 역사의 암흑시대요, 인생행로의 고민상이다. 공연히 바퀴 소리만 요란하다. 구역날 악질의 연기가 스며든다. 하나 미구(未久)에 우리에게 광명의 천지가 있다."라고 했다. '터널'이 고통과 희망의 상징이라고 인식하였다.

그는 '터널'이라는 공간에 대해서 일제 강점기 우리 민족의 고통과 희망을 겹쳐 놓고, 그 고통의 끝을 빠져나가면 곧 희망이 있음을 의식했다. 우리 민족의 고통을 "인류 역사의 암흑시대요, 인생행로의 고민상"이라는 표현으로, 희망을 "광명의 천지"라는 표현으로 상징적 장치를 해 놓았다. 암흑의 통로를 벗어나면 광복의 빛이 있다는 것을 염원한 것이다.

가스통 바슐라르는 『공간의 시학』에서 집의 지하에 관해 "편리한 점들을 열거함으로써 그것을 합리적으로 설명할 수도 있을 것이다. 그것은 우선 집의 어두운 실체, 지하의 힘에 참여하는 실체이다. 거기서 꿈에 잠길 때, 우리는 인간 심연의 비합리성과 화합한다."[9]라고 언급했다. 이처럼 윤동주도 '지하'와 유사성이 있는 '터널'이라는 어두운 실체를 설명하는 데 참여하고 있다.

씨그날(시그널)을 밟고 기차는 왱―떠난다. 고향으로 향한 차도 아니건만 공연

---

9) 가스통 바슐라르, 곽광수 옮김, 앞의 책, 96쪽 참조.

히 가슴은 설렌다. 우리 기차는 느릿느릿 가다 숨차면 가(假)정거장에서도 선다.

(……)

이윽고 턴넬(터널)이 입을 벌리고 기다리는데 거리 한가운데 지하철도도 아닌 턴넬이 있다는 것이 얼마나 슬픈 일이냐. 이 턴넬이란 인류 역사의 암흑시대요, 인생행로의 고민상이다. 공연히 바퀴 소리만 요란하다. 구역날 악질의 연기가 스며든다. 하나 미구에 우리에게 광명의 천지가 있다. 턴넬을 벗어났을 때 복선 공사에 분주한 노동자들을 볼 수 있다. 아침 첫차에 나갔을 때에도, 일하고 저녁 늦차에 타고 들어올 때에도 그네들은 그대로 일하는데 언제 시작하여 언제 그치는지 나로서는 헤아릴 수 없다.

(……)

이제 나는 곧 종시를 바꿔야 한다. 하나 내 차에도 신경행, 북경행, 남경행을 달고 싶다. 세계일주행이라고 달고 싶다. 아니 그보다도 진정한 내 고향이 있다면 고향행을 달겠다. 도착하여야 할 시대의 정거장이 있다면 더 좋다.[10]

- 윤동주, 「종시」에서

윤동주는 '터널'이라는 공간을 벗어났을 때, 노동자들이 고통에 대한 위안을 삼는 삶의 방식을 보고, '암흑시대'에 관한 인식을 바꿔야 함을 자각한다. 현실을 극복하고 '고향(희망)'으로 향하여 가고 싶어 하고, '도착하여야 할 시대의 정거장(다가올 광복의 시대)'을 염원하고 예비하려 한다는 것을 암시하고 있다. 이것은 그의 시와 산문에서 나타난 어둠(밤하늘)과 밝음(달, 별)의 심상과도 교감하는 듯하다. 여기서 '터널'은 어둠과 밝음이라는 대립항을 이루는 빛의 패러다임이기도 하다.

가스통 바슐라르는 『대지 그리고 휴식의 몽상』에서 "모든 어둠은 유농석이고, 그래서 모든 어둠은 물질적이다. 밤의 물질에 대한 꿈들은

---

10) 윤동주, 「하늘과 바람과 별과 시」, 정음사, 1955, 195-198쪽.

이와 같이 진행된다. 그리고 질료들의 내면에 대한 참된 몽상가에게는, 그늘의 한자락 귀퉁이라도 광대한 밤의 온갖 두려움들을 환기할 수 있다."[11]라고 언급하였다.

이처럼 윤동주도 밤과 어둠을 노래했다. 어둠과 밝음의 대조를 통해 밝음을 지향한 시인이다. 시 「달갈이」와 「비 오는 밤」, 산문 「별똥 떨어진 데」에서 밝음에로 나아가고자 하는 의지와 희망을 읽을 수 있다.

> 연륜이 자라듯이
> 달이 자라는 고요한 밤에
> 달갈이 외로운 사랑이
> 가슴 하나 뻐근히
> 연륜처럼 피어 나간다.
>
> — 윤동주, 시 「달갈이」[12] 전문

> 불을 밝혀 잠옷을 정성스레 여미는
> 삼경(三更)
> 염원(念願)
>
> — 윤동주, 시 「비 오는 밤」[13]에서

이 점의 대칭 위치에 또 하나 다른 밝음(明)의 초점이 도사리고 있는 듯 생각킨다. 덥석 웅키었으면 잡힐 듯도 하다.

— 윤동주, 산문 「별똥 떨어진 데」[14]에서

---

11) 가스통 바슐라르, 정영란 옮김, 앞의 책, 93쪽.
12) 윤동주, 앞의 책, 64쪽.
13) 위의 책, 72쪽.
14) 위의 책, 173쪽.

어둠에서 밝음을 잉태한 달과 별은 금방이라도 쏟아질 것 같은 빛을 발하듯이 윤동주 시인 역시 어두운 시대에서 밝은 시대로 나아가고자 하는 의지를 표출하였다. 어둠과 밝음의 공존을 인식하면서도 밝음을 갈망했다.

윤동주뿐만 아니라, 김규동 시인이 『현대문학』(1955년 4월호)에 발표한 「장송의 노래 - 병상의 연대에서」라는 시에서 '터널'을 시어로 채택하여 "어두워 가는 기억의 터널들은"이라는 비유를 선보이기도 했다.

> 군장처럼 나를 둘러 싸버리는 침구
> 짐짓 거리를 피한 나의 안구엔
> 아스피링분말에 도장된
> 도시의 그림자가 있고
> 어두워 가는 기억의 터널들은
> 때마침 모르핀의 명정권내(酩酊圈內)를 배회하였다.
> 
> — 김규동, 시 「장송의 노래 — 병상의 연대에서」[15] 1연

6·25 한국 전쟁의 상처가 아물지도 않았던 시절에 김규동 시인은 암울한 현실을 감각적 표현 기교로 시화하였다. 당시로써는 이 시의 상징적 의미 형성과 주지적인 문명 비판적인 표현이 매우 참신한 창작 기법이었으리라 여겨진다.

---

15) 김규동, 「나비와 광장」(산호장, 1955), 62-63쪽.
  - 『현대문학』(1955년 4월호)에 발표한 후, 그해 첫 시집에 수록하였다.

## 4.3. 가와바타 야스나리 소설에서 터널의 상징성

### 4.3.1. 「설국」에서 터널의 상징성

　소설은 시간의 경과와 공간의 이동을 서술하고 묘사하는 장르이다. 그래서 공간이 이야기의 중심에 자리한다. 가스통 바슐라르는 『공간의 시학』에서 공간을 "수많은 벌집 같은 구멍들 속에 시간을 압축해 간직하고 있"16)다고 언급하였다. 공간 속에 시간이 멈춰 있다고 본 것이다. 달리 말하면, 공간 이동이 시간 이동이기도 하다는 의미이기도 하다.
　가와바타 야스나리는 '터널'이라는 공간을 '현실'과 '비현실'의 세계로 구분하는 상징적 장치로써 작품 속에 끌어다 앉혀 놓았다. 노벨문학상 수상작인 「설국」에서 '터널'을 통과하는 장면이 두 번 나온다. 첫 문장에서 "국경의 긴 터널을 빠져나오자, 눈의 고장이었다."라는 터널을 빠져나오는 장면은 '현실'에서 '비현실'의 허구의 세계로 들어가는 장치이고, 두 번째 "국경의 산을 북으로 올라가 긴 터널을 빠져나가자, (……) 이쪽엔 아직 눈이 없었다."라는 도쿄[東京]로 향하는 장면은 '비현실'의 허구에서 '현실'의 세계로 빠져나오는 장치이다. 현실에서 비현실의 세계로, 비현실에서 현실의 세계로 드나드는 경계를 상징하는 공간이 터널이다. '터널'은 현실과 비현실의 경계선이면서 두 세계를 연결하는 통로인 것이다.

　　국경의 긴 터널을 빠져나오자, 눈의 고장이었다. 밤의 밑바닥이 하얘졌다. 신호소에 기차가 멈췄다.17)

　　　　　　　　　　　　　　　　　　　　　　　　　　　－「설국」 첫 문장

---

16) 가스통 바슐라르, 곽광수 옮김, 앞의 책, 83쪽.
17) 国境の長いトンネルを抜けると雪国であった。夜の底が白くなった。信号所に汽車が止まった。

이 소설에서 '터널'은 비현실의 세계로 들어가는 입구이다. 위 문장과 아래 문장을 보면 「설국」에서는 '터널'이 비현실의 세계로 들어가는 입구임과 동시에 현실의 세계로 나오는 출구이기도 한 공간임을 알 수 있다. 출구의 장면을 아래와 같이 묘사하고 있다.

기차가 움직이기 시작하자 곧 대합실의 유리창이 빛났고, 고마코의 얼굴은 그 광채 속에 번쩍 타오른 듯 순식간에 사라져 버렸지만, 그것은 (……)
국경의 산을 북으로 올라가 긴 터널을 빠져나가자, 겨울 오후의 엷은 햇볕은 그 땅속의 암흑에 흡수되어 버린 듯, 또 낡아 빠진 기차는 밝은 껍질을 터널에 벗어던지고 오기라도 하듯, 이미 산봉우리와 산봉우리가 겹쳐진 가운데부터 저녁놀이 깃들기 시작하여 골짜기로 내려가고 있었다. 이쪽에는 아직 눈이 없었다.[18]

- 「설국」에서

터널을 통과하는 이동 수단은 기차이다. 공간 이동의 수단임과 동시에 시간 이동 수단이다. 이야기의 많은 부분이 기차 안을 배경으로 하여 인물과 사건을 묘사하고 있기 때문에 이 터널이라는 공간은 현실과 비현실의 경계를 상징한다.

가와바타 야스나리는 소설 구상 단계에서 '터널'에 대한 플롯을 짠 듯하다. 창작 그 당시에는 이처럼 단순한 시간 흐름과 공간 이동, 공간의 상징성과 사건의 암시성만으로도 매우 만족스러운 효과를 얻었음을 부

• • •
18) 汽車が動くと直ぐ待合室のガラスが光って、駒子の顔はその光のなかにぽっと燃え浮ぶかと見る間に消えてしまったが、それは (……)
国境の山を北から登って、長いトンネルを通り抜けてみると、冬の午後の薄光りはその地中の闇へ吸ひ取られてしまったかのやうに、また古ぼけた汽車は明るい殻をトンネルに脱ぎ落して來たかのやうに、もう峰と峰との重なりの間から暮色の立ちはじめる山峡を下って行くのだった。こちら側にはまだ雪がなかった。

인할 수 없는 일이다. 오늘날에는 반전에 반전을 거듭하는 반복적이면서도 역동적인 복잡한 구성이라야 독자들로부터 사랑을 받을 수 있다.

가와바타 야스나리 문학 연구가들은 '터널'을 '현실'과 '비현실' 세계의 경계선이라는 상징성을 부여하고 있다. 이들이 과연 상징성을 어떻게 평가하고 있는지 간략히 살펴보고자 한다.

비현실성은 발단의 첫 문장부터 나타나기 때문에 독자의 주의를 요한다. 눈 고장[雪國]에 이르는 길고 어두운 터널은 현실과 상상의 경계선이다. 이 경계를 통과하면, 매력적인 분위기가 나타나고, 그 일대는 "이 세상에서 볼 수 없는 상징의 세계"로 변모한다. 시간적으로, 그리고 공간적으로 이 공상과 몽환의 세계로의 시마무라를 태우고 가는 기차는 마법의 승물(乘物)이다.[19]

"국경의 긴 터널을 빠져나오자, 눈 고장이었다."에 있어서 '터널'의 저쪽은 '눈 고장의 세계', 이쪽은 눈 고장의 세계와 대립적인 소위 '현실'이라 불리는 세계이다. '비현실'과 '현실'이라는 말을 가지고 엄격히 구별하기는 어렵다. 확실한 것은 '터널'을 경계로 하는 양쪽 세계는 이질적인 세계이다.[20]

눈 고장에 이르는 긴 터널의 양쪽에서, 소위 현실과 비현실과의 상징이라고 말해도 좋기 때문에, 작가는 처음부터 이 양자의 분별에 의식적이었던 것이 명확하다.[21]

이들의 공통점은 현실과 비현실의 세계를 구분하는 경계선으로서 역할과 상징성을 언급하였음을 알 수 있다. 「설국」에서 터널은 비현실의

---

19) ト　マ·E·스완, 「川端の雪國の構成」, 「川端康成 - 現代の 美意識」(東京, 明治書院, 1978), 13쪽.
20) 林武志, 「雪國」, 「感賞日本現代文學 第15卷, 川端康成」(東京, 角川書店, 1982), 134-136쪽.
21) 磯貝英夫, 「雪國 -作品分析の方法」, 「川端康成」(東京, 有精堂, 1980년), 211쪽.

세계로 진입하는 통로의 입구이고, '눈의 고장'이 현실로부터 단절된 세계임을 상징한다.

가와바타 야스나리의 「이즈의 춤추는 소녀」에서는 아마기[天城] 고개의 터널도 「설국」에서와 마찬가지로 현실과 단절된 비현실 세계로 들어가는 통로의 입구임을 상징한다.

### 4.3.2. 「이즈의 춤추는 소녀」에서 터널의 상징성

가와바타 야스나리의 처녀작이면서 출세작인 「이즈의 춤추는 소녀」에서도 '터널'을 통과하는 장면이 나온다. 여기서도 '터널'은 현실과 비현실 세계의 경계선 역할을 하면서 비현실 세계로 들어가는 통로의 입구를 상징한다. 반면에 출구의 공간은 터널이 아닌 '시모타[下田]항'이다.

이 소설에서도 터널에 관해 의식적으로 현실 세계에서 비현실 세계로 들어가는 경계선이면서 통로라는 공간적 장치를 해 놓았다. 터널 입구로 들어가는 1장의 첫 문장, 터널 안에서 출구 쪽의 빛을 바라보는 1장의 마지막 문장, 터널 출구를 빠져나오는 2장의 첫 문장에서 새로운 세계인 비현실 세계를 펼쳐 놓는 묘사에 주목한다.

> 길이 구불거리고, 드디어 아마기 고개에 가까워졌다고 느꼈을 무렵, 빗발이 삼나무 밀림을 하얗게 물들이면서 무서운 속도로 산기슭으로부터 나를 쫓아왔다.[22]
> – 「이즈의 춤추는 소녀」 1장의 첫 문장

어두운 터널로 들어가니, 차가운 물방울이 뚝뚝 떨어졌다. 남이즈 쪽 출구

---

22) 道がつづら折りになって、いよいよ天城峠に近づいたと思う頃、雨脚が杉の密林を白く染めながら、すさまじい早さで麓から私を追って來た。

가 앞쪽에서 조그맣게 밝아오고 있었다.[23]

- 「이즈의 춤추는 소녀」 1장의 마지막 문장

터널의 출구에서부터 흰 칠을 한 울타리가 한쪽 편에 둘러쳐진 고갯길이 번개처럼 흐르고 있었다.[24]

- 「이즈의 춤추는 소녀」 2장의 첫 문장

「이즈의 춤추는 소녀」에서의 출구는 시모타[下田]항이다. 주인공 '나[私]'가 시모타 항에서 배를 타고 도쿄에 돌아온다. 「설국」에서는 공간의 이동 수단이 '기차'인 반면, 이 소설에서는 비현실 세계로 들어갈 때에는 '도보'로 터널을 통과하고, 비현실 세계에서 현실 세계로 되돌아올 때에는 '배'를 타고 시공간을 이동한다.

기선(汽船)이 시모타[下田]의 바다로 나가 이즈[伊豆] 반도의 남단이 뒤로 사라져 갈 때까지 나는 난간에 기대어 바다의 오시마[大島]를 열심히 보았다. 춤추는 소녀와 헤어진 것이 먼 옛날이라도 된 것 같은 기분이었다.[25]

- 「이즈의 춤추는 소녀」 7장에서

∴

23) 暗いトンネルにに入ると、冷たいしずくがぽたぽた落ちていた。南伊豆への出口が前方に小さく明るんでいた。
24) トンネルの出口から白塗りの柵に片側(を縫われた峠道が稲妻のように流れていた。
25) 汽船が下田の海を出て伊豆半島の南端がうしろに消えて行くまで、私は欄干にもたれて沖の大島を一心にながめていた。踊子に別れたのは遠い昔であるような氣持だった。

4. 동굴 모티프의 현대적 수용 양상

## 4.4. 한국 현대 소설에서 '터널'의 상징성

### 4.4.1. 이병주의 실록 대하소설 『지리산』

이병주의 실록 대하소설 『지리산』[26] 2권 「기로에서」라는 장에서도 터널을 통과하는 장면이 나온다. "기차는 터널 속에 기어들었다. 높은 기적 소리와 함께 터널을 빠져나가자 진주의 불빛이 시야에 들어섰다."라는 장면이다. 「설국」에서는 시각적인 묘사만 하였지만, 이병주의 『지리산』에서는 "기적 소리와 함께"라는 청각적 묘사까지 곁들여 공감각적 묘사를 해 놓았다. 「설국」에서와 같이 이 소설에서도 터널은 비현실의 세계로 진입함을 상징한다. 이와 더불어 종착역이라는 의식을 암시해 놓았다.

박태영과 하준규는 시모노세키[下關]에서 어렵게 배를 타고 감시를 피해 부산에 도착한다. 그리고 박태영과 하준규는 항일 투쟁을 위해 덕유산 은신골에서 만나기로 하고, 부산역에서 헤어진다. 하준규는 서울로 향하고, 박태영은 진주가 종착역인 경전남부선(부산↔진주) 기차를 탄다.

> 기차는 터널 속에 기어들었다. 높은 기적 소리와 함께 터널을 빠져나가자 진주의 불빛이 시야에 들어섰다. 드디어 종착역에 도착한 것이다. 태영은 노인을 부축하고 개찰구를 나왔다. 대합실에 걸린 시계는 열 한 시 반을 가리키고 있었다.
> (종착역에 밤 열 한 시 반 도착!)

---

[26] 전7권, 제1권 「잃어버린 계절」, 제2권 「기로에서」, 제3권 「작은 공화국」, 제4권 「서림의 벽」, 제5권 「회명의 군상」, 제6권 「분노의 계절」, 제7권 「추풍산하에 불다」.

태영은 감회가 다시 한 번 종착역이라는데 서성거렸다. 훗날 박태영은 비통한 마음으로 이 종착역이란 의식을 되씹게 되는 것이다.[27]

— 이병주, 『지리산』에서

## 4.4.2. 황석영의 장편 소설 『바리데기』

황석영의 장편 소설 『바리데기』를 '창작과비평사'의 광고에서는 "세계적 변화의 현장에서 탄생한 구원의 메시지, 읽고 나면 먹먹한 감동에서 헤어 나올 수 없다."라고 호평을 한 반면, 평론가 조영일은 "비록 소설이라는 타이틀을 달고 있지만, '한국적 형식' 도입이라는 미명하에 스스로를 거세하여 한갓 로맨스로 후퇴하고 있다는 느낌을 지울 수 없다. 그런데도 모두가 이 소설에 감탄하고 있는 것은 왜일까?"라며 한국을 대표하는 소설가 황석영이라는 이름에 합당한 작품이 아님을 비평하면서 "그가 이전에 어떤 문학적 성과를 이루었든, 또 그가 출판사의 조직적인 지원을 받아 상징적인 위치가 어떠하든 무턱대고 그에게 신뢰를 보낼 순 없다. 야박하게 보일지 모르지만, 이것이야말로 그에 대한 최대한의 예의이다."[28]라고 비평하였다. 여기서 문제의 본질인 '터널'의 상징성만을 읽어 보려 한다.

나는 나중에 아프리카 쪽에서 오는 사람들이 어떻게 지브롤터 해협을 건너고 대륙을 지나 도버 해협을 건너서 오는지 알리가 얘기해 주어서 알았다. 모로코까지 오는 행로와 작은 보트로 해협을 건너는 일들은 내가 두만강 국경을 넘던 일과는 비교도 안 될 만큼 험난한 길이었으리라. 기차로 또는 걸어서 험

---

27) 이병주, 「기로에서」, 실록대하소설 『지리산』, 기린원, 1985, 126쪽.
28) 조영일, 『가라타니 고진과 한국문학』, 도서출판 b, 2008, 165쪽.

난한 산맥을 넘고 국경을 몇 번이나 지나서 다시 도버를 건너야 한다. 영국으로 오는 사람들은 누구나 실낱같은 연줄이라도 있어야 한다. 그래야 정착하는 데 도움을 받는다. 알리가 아는 어느 가나 출신의 미니캡 운전사는 지브롤터 해협을 건너는 데 삼 년을 허비했고 다시 깔레에서 도버 해협을 건너다 두 차례나 발각되었으며 드디어는 유로스타의 지붕에 매달려 영국 땅을 밟았다. 해저 터널이 가까워지는 사오십 킬로미터 전방에는 인근의 농작물을 보호하느라고 양옆으로 높다란 둑을 쌓았는데 그 사이로 고속철이 통과한다. 터널이 가까워지면 열차가 속도를 늦추기 마련인데 이때 둑 위에 엎드려 있다가 열차의 지붕으로 뛰어내린다. 그대로 매달려서 터널을 통과해야 하는데 이십 분 이상을 바람과 속도에 맞서서 견디어야 한다. 영국 쪽에 이르면 열차가 다시 속도를 내기 전에 땅으로 뛰어내려야 한다는 것이다. 프랑스와 영국 양측의 철도 관리원들은 가끔씩 터널 안에서 떨어져 죽은 밀입국자들의 시체를 수거하곤 한다. 알리의 친구인 그 미니캡 운전사가 희망으로 삼은 사람은 고향에서는 온 동네에 소문이 난 친구의 삼촌이었다는데 런던에 도착하여 수소문해 보니 그는 이미 몇 해 전에 죽고 없었다. 결국, 그 사람의 이름만이 그를 여기까지 오게 한 상징적인 희망의 역할을 해 주었던 셈이다.[29]

— 황석영 「바리데기」에서

    중략 없이 예문 그대로 옮겨 놓은 이유는 '해저 터널'의 상징성을 소설가가 상세히 서술해 놓은 까닭이다. 주인공 '바리데기'가 두만강을 건너 북한을 탈출하여 중국과 여러 나라를 거쳐 영국으로 들어가는 험난한 역경을 겪었듯이, 아프리카 사람들이 희망의 나라 영국으로 가기 위해서는 지브롤터 해협을 건너 유럽 대륙을 지나 도버 해협을 건너야 하나. 이 도버 해협의 '해저 터널'에서 희망을 향해 마지막 목숨을 건 승

---

29) 황석영, 장편 소설 「바리데기」, 창비, 2007, 215-216쪽.

부수를 띠운다. '삶'과 '죽음'이라는 양가성을 수렴한 대목이다. 이 '해저 터널'은 영원한 휴식의 거처가 될 수도 있고, 새로운 삶을 살아갈 수 있는 희망의 공간이 될 수도 있다. 소설가 황석영은 희망의 상징적 역할을 하도록 장치해 놓았다.

### 4.4.3. 이승우의 단편 소설「터널」

가스통 바슐라르는『대지 그리고 휴식의 몽상』에서 '미궁의 꿈'의 대립적 요소로 '동굴의 꿈'을 논하였다. "동굴은 하나의 거처다. (……) 대지적 꿈이 부르고 있다는 사실 바로 그것으로 이 거처는 모성과 죽음의 이미지가 된다. 동굴에 묻힘은 모태를 향한 회귀이다. 동굴은 자연의 묘지, 대지-어머니가 마련해 놓은 무덤이다."[30]라며 강조했다. 이처럼 동굴은 '죽음', 즉 '휴식'을 의미하기도 한다.

소설가 이승우의 단편 소설「터널」[31]에서 '터널'을 빠져나오는 것은 '죽음'의 문턱에서 벗어나는 '재생'을 상징한다. 이「터널」이라는 소설에서 터널로 들어가는 행위는 '죽음'을 향해 들어가는 행위이며, 터널에서 빠져나오는 행위는 다시 태어나 삶을 얻는 '재생'을 상징한다. 물론, 이 소설은 이승우 소설가 자신이『당신은 이미 소설을 쓰기 시작했다』라는 단행본에서 '우의성'을 담은 소설이라고 밝히고 있다.[32] 많은 우의성을 담고 있기도 하지만, 교통체증과 오염된 공간, 질식할 것 같은 공간 등을 상징하는 복합적 의미의 '터널'임이 분명하다. 또한, 고통과 기쁨, 죽음과 삶이 서로 모순을 자아내는 공간이기도 하다.

---

30) 가스통 바슐라르, 정영란 옮김,『대지 그리고 휴식의 몽상』, 문학동네, 2002, 230쪽.
31) 이승우, 소설집『심인광고』, 문이당, 2005, 209-234쪽 참조.
32) 이승우, 소설집『당신은 이미 소설을 쓰기 시작했다』, 마음산책, 2007, 143쪽 참조.

우리를 태운 버스는 안으로 기어들어 갔고, 터널 안에 들어선 후에는 지렁이가 기어 가듯 아주 조금씩 움직이던 버스의 움직임이 아예 멈춰 버렸다. (……)

속이 메스꺼운 게 금방이라도 토할 것만 같았다. 눈앞은 희뿌옇게 안개가 낀 것 같고 온몸은 땀으로 끈적끈적해졌다. 버스는 아직 터널 안에 있었다. 실내등을 켜지 않아서 그런지 차 안은 침침하고 어두웠다. 자동차들이 움직이지 못하고 서 있는 터널 안은 깡통 속이나 한가지였다. 자동차들이 내뿜는 배기가스가 차 안으로 유입되고 있다는 걸 특유의 역겨운 냄새를 통해 감지할 수 있었다. (……)

나는 터널을 벗어나야 해, 터널을 빠져나가야 해, 하고 주문을 외듯 반복해서 외쳤다. 그리고 보니 아주 오랫동안 터널 속에 갇혀 지내 왔다는 걸 알 것 같았다. 그러나 아무도 그 말을 듣지는 못했다. 왜냐하면, 내 목소리는 밖으로 빠져나오지는 않았기 때문이다.

가도 가도 터널의 끝은 나오지 않았다. 세상의 끝을 향해 가고 있는 것 같았다. 그렇게 멀고 암담했다. 몸은 휘청거리고 숨은 헐떡였다. (……)

터널을 빠져나왔나요. 나는 누구에게랄 것 없이 물었다. 여행사 직원이 그렇다는 뜻으로 고개를 끄덕였다. 버스는 아직 갇혀 있어요. 우리는 거꾸로 가고 있는 거예요. 누군가 알 수 없는 사람이 덧붙였다. 나는 손을 내밀었다. 여직원이 전화기를 건네주었다. 나는 오랫동안 터널에 있었다. 이제 비로소 터널을 빠져나온 것 같은 기분이 들었다.

— 이승우의 「터널」에서

이 소설의 화자는 터널 속의 불안한 의식으로서 나(대자)를 깨닫고, 그 불안에서 벗어나려 하지만 질식하여 스러지고 만다. 의식이 없는 대자적 존재에서 빛과 밝음을 지향하는 즉자로 전환하고자 안간힘을 쓴다. 비록 타자의 도움을 받기는 하였지만, 내자와 즉자와의 대립에서 발생하는 갈등을 초극한다.

### 4.5. 결론

우리나라와 일본의 문학 작품에 나타난 '터널'의 상징성은 대개 시간의 경과를 나타내거나 공간의 이동을 나타낸다.

가와바타 야스나리는 허구의 이야기를 끌어가기 위한 수법으로 '터널'이라는 공간을 끌어들여 현실과 비현실의 경계선으로 상징적 장치를 하였다. 윤동주는 산문「종시」에서 '터널'이라는 공간에 일제 강점기 우리 민족의 고통과 희망을 겹쳐 놓고, '암흑시대'인 터널을 벗어나면 '광명의 천지'가 있음을 상징적으로 표현을 하였다. 이병주는『지리산』에서 비현실 세계로의 진입을 상징함과 더불어 종착역이라는 의식을, 황석영은『바리데기』에서 '죽음'과 '새로운 삶(희망)'을, 이승우는「터널」에서 현대문명의 답답함을 암시하면서 '죽음'과 '재생'을 상징화하였다.

일본에서 출판 10일 만에 100만 부 이상 판매되어 최단기간에 밀리언셀러가 된 무라카미 하루키의 장편 소설『1Q84』에서는 현실 세계인 '1984년'과 비현실 세계인 '1Q84년'과의 경계와 통로를 '계단'(고가도로인 수도고속도로 3호선에서 246번 국도로 내려가는 비상계단)으로 장치하였다. 1권 초반부에 비상계단을 이용해 비현실 세계로 들어가고, 2권 후반부에 탈출을 시도해 보지만 실현하지 못하고, 3권 후반부에 그 계단을 이용해 현실 세계로 빠져나온다.

2010년 표절 논란이 일은 황석영의 장편 소설『강남몽』의 1장에서 박선녀가 대성백화점 붕괴 사건(1995.6.29. 삼풍백화점 붕괴 사건) 현장의 시멘트 더미 아래 어둠 속에 갇히는 이야기로 시작한다. 5장 결말에서 박선녀는 숨을 거두고, 붕괴 17일 만에 마지막 생존자 임정아의 눈에 손전등 불빛이 움직이는 게 보이고, "거기 누구 있어요?"라는 남자의 굵은 음성이 들려온다. 그 절망의 시멘트 더미 속에서 희망의 손전등 불빛과 함께 몰려든 수십 명의 구조대원이 임정아를 구조한다.

곽경택 감독이 각본을 직접 쓴 영화 〈친구〉(2001)에서도 이런 장치가 등장한다. 곽경택 감독은 영화 〈친구〉에서 시작(인트로) 장면에 터널 통과를 장치해 놓았다. 시작 장면에 앞서 "추억은 마치 바다 위에 흩어진 섬들처럼 내 머릿속을 떠다닌다. 나는 이제부터 기억의 노를 저어 차례차례 그 섬들을 찾아가고자 한다."라는 나레이션에 이어 "이 영화를 추억의 섬에 살고 있는 나의 친구들과 그 가족에게 바칩니다"라는 자막이 잠시 등장한다. 그리고 인트로 장면이 나온다. 연막소독차 뒤를 따라 뛰어가는 어린아이들이 부산진시장과 매축지 마을을 잇는 터널을 통과한다. 영화 속 어린 주인공들이 그 연막을 이용해 수박을 비롯한 물건을 훔쳐 달아나는 장면이다. 이 영화에서 터널을 통과하는 장면은 '현실 세계에서 어릴 적 추억의 세계로 이동하는 효과'를 위한 장치이다. 이것은 영화 상영 시점인 2001년에서 (중심 사건의 시점인 1984년, 영화 속의 현재 시점 1993년보다 더 이전) 1976년으로 돌아가기 위한 장치이다.

터널 관련 영화 한 편을 더 살펴본다. 2014년 공포 영화 〈터널 3D〉[33] 가 상영되었다. 이 영화는 전체 분량을 3D 입체 영상으로 촬영했다. 3D 입체감과 터널이 주는 공간감은 공포 영화의 묘미인 공포감과 긴장감을 극대화한다. 처음부터 터널이라는 한정된 공간 안에서 시작한다. 여행을 떠난 친구들이 터널 안에 갇히게 된다. 미스터리한 공포와 사투를 벌인다. 터널의 어두운 공간은 공포와 긴장감이 감도는 분위기를 조

---

33) 2014.8.20. 개봉한 한국 공포 스릴러(15세 이상 관람가, 86분), 감독 박규택, 주연 정유미. 국내 최초 풀 3D 촬영. 그리고 국내 최초로 정보통신산업진흥원의 2013년 프로젝트 베이스 교육의 일환으로 운영되는 UHU 3D 프로그램 제작 교육의 지원을 받은 작품이다.

성한다. 이 영화에서 터널이라는 공간은 미스터리한 전개와 더불어 공포감을 안겨 주지만, 폐쇄된 공간의 특성인 답답함도 자아낸다. 터널 안에서 조명 하나에 의지한 채 누비고 다닐 때 중간중간 깜짝 놀라는 장면들은 긴장감을 더해 준다. 김성훈 감독의 영화 〈터널〉[34]은 생략한다.

이처럼 소설과 영화에서 현실과 비현실 세계의 경계나 통로 역할을 하는 공간, 즉 '터널', '계단', '지하', '다리', '강' 등과 같은 공간의 상징적 장치에 관해 더욱더 깊이 연구할 가치가 있다고 확신한다. 이 원고 이후 현실과 비현실 세계를 구분 짓는 공간의 패러다임을 구축하기 위해 또 다른 논문의 탄생을 꿈꾸어 본다.

---

34) 2016.8.10. 개봉한 김성훈 감독의 영화 〈터널〉은 현실 세계의 사회 고발적인 메시지를 담고 있는 바 이 글에서는 생략한다. 『현대인의 이바구 명심보감』(2021)에 에세이로 수록하였다. 이를 참조바란다.

# 5.
# 이청준 장편 소설 『당신들의 천국』의 심리 불안

– 등장인물 이상욱 과장에게 보내는 위로의 편지

## 쉽게 읽을 수 있는 편지 형식을 차용한 평론

이상욱 과장님, 안녕하세요?

그곳 비현실(허구) 세계의 날씨는 따뜻한가요? 이곳은 겨울로 접어들어 바람이 꽤 매섭군요. 이곳 현실 세계에선 '문둥병'이라는 말은 이미 사라지고 있습니다. '한센병'이라 일컫습니다. 또한, 소록도와 뭍을 잇는 연륙교가 놓여 자유롭게 왕래합니다. 강산이 여러 번 바뀌었다는 증거입니다.

이 편지가 왜 날아들었는지 궁금하시죠? 다름이 아니오라 이청준의 『당신들의 천국』(문학과지성사, 1988 재판)을 읽고 과장님이 심각한 불안증에 시달리고 있음을 알았습니다. 과장님은 사람을 대할 때도 세상을 바라볼 때도 매사 부정적이더군요. '모든 것이 내 탓이오!'라고 생각하면 아무것도 아닌 것을 그렇게 집요하게 사람을 불신하면서 자기 안의 불안을 잠재우지 못하고 슬픈 삶을 자청하더군요. 이곳 많은 사람이 과장님의 심리 불안에 대해 걱정하기도 하고, 비판하기도 하고, 정신분석학 혹은 심층 심리학적으로 연구하기도 합니다. 과장님이 사시는 비현실 세계에서는 과장님처럼 불안 증세를 앓고 있는 사람들이 너무 많아 정상인일 수 있지만, 이곳 현실 세계에서는 비정상인입니다. 과장님을 이곳의 시선으로 바라보면 '문제적 인물'입니다.

서강대학교 우찬제 교수는 『불안의 수사학』(소명출판, 2012)에서 "이 소설의 주인공은 분명 조백헌 원장이지만, 그로 하여금 반성적 지평에 이르게 하는 주요한 문제적 인물은 이상욱 과장이다. 도입부에서 그는 타인의 응시 때문에 불안해하는 인물로 제시된다."(146쪽)라고 평가하고 있습니다. 저도 이를 동감합니다. 그래서 위로의 편지를 보내는 것입니다. 기분 나쁘게 듣지 마세요. 그에 대한 타당한 설명을 지금부터 해 볼게요.

과장님의 불안은 소설 곳곳에서 드러납니다. 그중 대표적인 세 부분만 간략히 언급해 보겠습니다. ① "상욱은 불시에 가슴이 덜컥 내려앉았다. (……) 그런 시선 앞에선 자기도 모르게 가슴이 덜컥덜컥 내려앉곤 했다. 그리고 한번 그런 시선을 의식하기 시작하면 며칠이고 어떤 괴로운 환각 때문에 견딜 수 없도록 시달림을 당할 때가 많았다. 방안에 혼자 있을 때마저 그의 등 뒤 어딘가서 숨을 죽인 채 까맣게 그를 노려보고 있는 눈동자의 환각을 떨어 버릴 수가 없었다."(14쪽) ② "상욱이 애초 이 섬을 찾아오게 된 것도 사실은 바로 그 이상스런 뱃노래의 환청 때문이었다고 할 수 있었다. (……) 생각나면 돌뿌리 해변가를 찾아나와 지나가는 고깃배에 귀를 기울이고 앉아 있었다. 소년을 통해서였다."(97쪽) ③ "제 겁에 제가 질려 머리까지 이불자락을 뒤집어쓰며 숨을 죽이게 되곤 했다. 어디선가 벌써 자기를 까맣게 노려보는 눈동자 같은 것을 느낄 때가 많았다."(93쪽) 이처럼 과장님은 매우 불안한 삶을 살아왔더군요.

과장님은 조백헌 원장이 부임해 오던 그 순간부터 줄곧 경계해 왔습니다. 소설이 막을 내린 지금까지도 경계하는 듯합니다. 과장님이 섬을 탈출한 뒤부터 소설 마지막 순간까지 조 원장 앞에 나타나지 않은 것이 증거입니다. 그리고 과장님은 조 원장이 '당신들의 천국'을 건설하려는 진정 어린 동기마저도 부정하고 실패하기를 원했습니다. 그것은 조 원장의 동상을 걱정하는 마음이 뿌리 깊게 박혀 있었기 때문일 것입니다. 나아가 과장님은 한센병 환자들이 '환자'로서의 삶이 아닌 '인간'으로서의 삶을 살기를 원했습니다. '자유'를 갈망했지요. 그러나 현실 세계의 시각뿐만 아니라, 그곳 비현실 세계에서도 과장님이 갈구한 '자유'는 믿음과 사랑이 빠져 버린 '자유'라고 비판합니다. 과연 과장님의 문제가 무엇인지 '당신들의 천국'을 건설하려는 조 원장과의 대립은 물론, '환자'가 아닌 '인간'으로서의 '자유'를 갈망하는 문제에 대해 다시 한 번 생각하는 계기가 되기를 원합니다.

먼저, '당신들의 천국'에 대한 조 원장과의 대립 문제입니다. 과장님이 조 원장에게 보낸 편지를 보면, "원장님께서는 저들에게 만들어 주시려는 천국이야말로 (……) 그 가난한 자와 병을 앓는 자에게, 가난하고 병을 앓을망정 아직도 차마 눈감아 버릴 수 없는 뜨거운 진실과 인간적인 소망이 살아남아 있는 한, 그 진실과 소망 그리고 그 인간에 관한 오만스럽고 난폭한 테러 행위가 아닐 수 없습니다. 울타리가 둘러쳐진 천국이 진짜일 수 없습니다. 그리고 문둥이를 위한 문둥이만의 천국을 꾸미시려는 원장님의 의지 바로 그것 속에 이미 그 보이지 않는 철조망은 마련되고 있습니다."(347쪽)라고 주장하셨죠? 과장님, 모든 것이 자기 안의 불안 때문이라고 생각해 보지는 않으셨나요?

과장님은 "원장님께선 이 몇 해 동안 섬을 위하여 정말로 피나는 정력을 쏟아 오셨고, 그 결과 이젠 그간의 공적을 칭송받아 마땅할 만큼 현저한 성과를 이룩하고 계신 것도 부인할 수 없는 실정입니다."(343쪽)라고 조 원장이 진정 어린 마음을 이해하면서도 천국 건설에 대해서는 매우 부정적이더군요. 또한, 과장님은 "원장님께서 이 섬 위에 세우고 계신 천국이란 어떤 것입니까. 환자다운 환자들에게만 천국일 수 있는 천국, 환자로서의 불행을 스스로 수락하는 체념 위에서라야 비로소 천국일 수 있는 천국"(354쪽)이라는 나름대로 확고한 신념을 가지고 계시더군요. 과연 그 신념이 너무나 주관적인 것은 아닌가를 고민해 봐야 할 문제라고 여겨집니다. 관점에 따라 결과는 다를 수 있겠지요. 정신 건강을 위해서라도 생각을 달리해 보는 것도 좋을 듯합니다.

두 번째, '환자'가 아닌 '인간'으로서의 '자유'를 갈망하는 문제입니다. 과장님이 조 원장에게 보낸 편지를 보면, "그 섬과 원장님 사이의 화해가 불가능했던 것은 처음부터 양쪽 다 각자의 운명은 따로따로 살고 있었기 때문이었습니다. (……) 끊이지 않은 탈출극의 윤리가 섬과 섬사람들의 내력 깊은 자유에 근거하고 있었음을 원장님께선 이해하고 계실 줄 믿습니다."(340쪽)라는 주장 역시 자기 안의 불안 증세 때문이라고 생각해 보아야 할 것입니다.

과장님, 섬을 떠나기 전에 황 장로를 찾아가 '자유'에 관해 말한 것을 기억하시죠? "이 섬 문둥이들이 지금까지 이 섬에서 행해 온 것은 모두가 그 자유 때문이고, 문둥이가 누구의 종이 되지 않는 길은 그 자유라는 것으로 이루어 내는 길밖에 다른 방법은 없다"(300쪽 참조)라고 하셨더군요. 훗날 황 장로는 조 원장에게 과장님이 말한 '자유'에 관해 "제법 옳은 소리 같더라"(300쪽)고 말했지요. 그러나 황 장로는 자유보다 더 중요한 '사랑'과 '믿음'에 관한 나름대로 올바른 인식을 하고 있었어요. 황 장로는 "이 섬에서 자유라는 것보다도 더욱 더 귀중한 행함이 사랑이라고, 자유보다도 더 귀하고 값진 것이 사랑이라고. 이 섬에선 자유보다 사랑으로 앞서 행했어야 한다."(301쪽)라는 생각을 지니고 있었습니다. 그리고 "자유라는 거 그저 믿음이 먼저 앞서야만 한다고, 믿음이 없이는 함부로 행할 것이 못 된다고, 문둥이한텐 믿음이 부족하다고 생각하면서 믿음이 없이 억지 자유를 하자니까 불신과 미움밖에 번지는 것이 없었다"(302쪽)라고 토로했어요. 이처럼 황 장로는 참으로 생각이 깊고 현명한 사람이었습니다.

또한, 황 장로는 "이 섬이 다시 사랑으로 충만해지고 그 사랑 속에서 진실로 자유가 행해지는 날이 오게 되면, 그대(조 원장)가 선 이 섬의 모습도 많이 사정이 달라질 게야."(303쪽)라고 이 섬에 사랑이 충만하길 깊이 기원했습니다. 그리고 "그건 아마 모처럼 이 섬에 남겨진 사랑의 동상이 될 게야. 눈에는 보이지 않겠지만, (……) 이 섬이 우리 문둥이들의 것으로 남아 있는 한 오래오래 이곳에 함께 남아 있어야 할 단 하나의 사랑의 동상으로 말씀야."(304쪽)라며 조 원장의 실천적 사랑에 대해 나름대로 긍정적인 평가를 내리기도 했습니다. 과장님이 섬에 무슨 일이 생기면 늘 상의하던 황 장로조차 과장님의 생각과는 달랐던 것입니다.

이를 바탕으로 보면, 과장님의 주장은 불안증이 빚어낸 것이라고 해석할 수 있습니다. 그래도 비현실 세계에서 과장님이 강하게 주장한 것으로 인해 현실 세계에서 '환자의 천국' 건설과 '자유'를 보장하기 위해 많은 노력을 해 왔음이 분명합니다. 지금은 환자로서 삶보다는 인간으로서 삶을 보장하려는 정책이 우선하고, 소록도에 연륙교를 이어 놓음으로써 자유로운 왕래가 가능합니다. 어쩌면 이 모든 것이 조 원장의 공로이기에 앞서 과장님의 공로인 셈이지요. 오늘날 이런 현상을 '이상욱 과장님의 동상'이라 표현한다면 무리일까요?

과장님, 현실 세계를 동경하지 마세요. 오히려 비현실 세계가 현실 세계 사람들의 정신을 지배하기도 합니다. 바로 『당신들의 천국』이라는 소설이 그 예입니다. 아무쪼록 비현실 세계에서 영원토록 행복하시길 빕니다.

2014. 11. 5. 현실 세계에서 신기용 올림.

※추신 : 지금껏 이 편지를 1년 넘게 간직하고 있었습니다. 이제는 현실 세계의 ≪오륙도문학≫ 지면에 발표함을 알려 드립니다.

제2장

# 스토리텔링과 영화 이해

1. 스토리, 스토리텔링, 스크린셀러란
2. 스토리텔링 장소의 가치
3. 영화의 3장 구조 : 영화 〈친구〉 분석

# 1.
## 스토리, 스토리텔링, 스크린셀러란

### 스토리(story)란 무엇인가

　스토리(story)는 '이야기'이다. 우리말로 이야기란 매우 포괄적이다. 설화(신화, 전설, 민담 등)를 비롯한 소설, 영화, 드라마, 뮤지컬, 연극 등에 이르기까지 흔한 것이 이야기다. 《표준국어대사전》에 "① 어떤 사물이나 사실, 현상에 대하여 일정한 줄거리를 가지고 하는 말이나 글. ② 자신이 경험한 지난 일이나 마음속에 있는 생각을 남에게 일러 주는 말. ③ 어떤 사실에 관하여, 또는 있지 않은 일을 사실처럼 꾸며 재미있게 하는 말."이라고 등재해 있다. 이처럼 이야기는 인간의 삶에 중요한 부분을 차지한다. 우리에게 이야기가 없다면 무기력해질 것이다.
　사람들끼리 서로 어울려서 벌인 행동이나, 사람과 사물이 관련되어 일어난 사건들에 관해서 자초지종을 가려 처음과 중간과 끝을 만들고 일정한 시간의 경과를 구조화한 것이 이야기이다.[1]
　인간이 이야기하는 이유는 상처를 치유하기 위함이다. 화자의 상처는 이야기의 주제이자, 이야기를 생성하는 조건이다. 화자의 이야기는 상

---

1) 고은미 외, 『문화콘텐츠와 스토리텔링』, 신아출판사, 2006, 9-10쪽 참조.

처에 '관한' 것만이 아니라, 상처를 '통해서' 전달한다. 우리는 늘 상처와 함께 살아간다. 그 상처를 일기에 적기도 한다. 자신이 받은 인생의 상처를 소설로 쓰기도 한다. 상처가 없다면, 대화조차 할 필요가 없을 것이다. 이야기는 개인의 상처에서 서서히 번져 나온다.[2]

인간은 이야기 속에서 사는 존재임이 틀림없다. 이야기의 패러다임이 변화하고 있다. 스토리텔링으로 변화했고, 또 다른 변화를 하고 있다. 이야기도 변혁을 꿈꾼다.

## 스토리텔링(storytelling)이란 무엇인가

스토리텔링(storytelling)은 스토리(story)와 텔링(telling)의 합성어이다. '이야기하기'라는 뜻이다. 작가의 이야기 전개를 이르는 말이기도 하다. 일반적으로 화자가 청자에게 이야기를 전달하는 것을 의미하지만, 최근에는 쓰임에 따라 청자가 화자의 이야기에 참여하는 것을 포함하는 보다 넓은 의미를 지니기도 한다.[3]

현대적 스토리텔링은 단순한 '이야기'가 아니다. 단순한 '이야기하기'도 아니다. 여기서 현재 진행형 '-ing'가 중요하다. 고소설과 현대 소설을 영화화할 때 스토리텔링에 주안을 두고 각색을 한다. 이처럼 현대적 해석, 즉 현재 진행형의 해석이 중요하다. 영화 〈전우치〉와 〈방자전〉이 대표적인 예이다. 현대적 갈등 설정이나 해결 방식은 물론 현대적 의미를 부여해야 진정한 스토리텔링이라고 말할 수 있다.

현재 세계는 문화 콘텐츠 경쟁 시대이다. 현대적 스토리텔링이야말로 시나리오, 영화, 드라마, 연극, 뮤지컬 등 새로운 문화 콘텐츠의 시작점

---

2) 김만수, 『스토리텔링 시대의 플롯과 캐릭터』, 월인, 2012. 17쪽 참조.
3) [다음], 《한국어 사전》 참조.

이면서 필수 요건이기도 하다.

## 스크린셀러(screenseller)란 무엇인가

　스크린셀러(screenseller)는 영화를 뜻하는 스크린(screen)과 베스트셀러(bestseller)를 합친 말이다. 《네이버 지식백과》에는 "영화로 성공한 작품이 소설화되는 경우가 늘어나면서 등장한 말로, 영화가 개봉한 뒤 주목받게 된 원작을 가리키는 말로 쓰인다. 또는 그다지 주목받지 못하던 원작이 영화로 제작되어 흥행에 성공하면서 주목받는 경우도 해당된다. 잘 써진 이야기 하나로 책도 쓰고 영화도 찍는 것이다."라고 정의하고 있다.
　스크린셀러는 과거 주목받지 못하던 원작을 영화화한 뒤 주목받는 경우도 있다. 최근에는 영화 개봉 날짜에 맞춰 소설을 출판하는 사례가 늘어간다. 영화 〈명랑〉과 〈국제시장〉이 대표적인 예이다. 이들을 쓴 소설가 김호경은 2015. 11. 20. [국방일보] 인터뷰에서 "영화 시나리오에 적힌 '이순신의 배가 앞으로 진격했다'라는 단 한 줄을 책으로 쓰려면 원고지 1,000매 분량을 써야 한다. 영화 개봉일과 맞추기 위해 보통 20일 안에 책을 써야 하는 일이라 경험이 많은 작가들도 두 손 두 발을 들 정도"라고 말하기도 했다.
　또한, 영화 〈마담 뺑덕〉은 영화 시나리오 작업과 소설 창작 작업을 동시에 진행했다. 이는 백가흠의 장편 소설 『마담 뺑덕』의 '작가의 말'에서 "영화와 소설 작업을 함께해 보자는 제의를 받고 망설였다. 온전히 내 것이 될 수 없을지도 모른다는 불안이 고민하게 만들었다. 여전히 확신은 들지 않지만 믿어 보기로 했다. 『심청전』이라는 모티프를 공유하고 나는 내 소설을 썼다."[4]라고 밝힌 대목에서 명확히 알 수 있다.

---

[4] 백가흠, 『마담 뺑덕』, 네오북스, 2014, 343쪽.

# 2. 스토리텔링 장소의 가치

 2015년 부산의 모 자치 단체에서는 스토리텔링집을 발간하여 출판 기념회를 열었다. 그런데 동 단위 자생 단체별 10권 이상씩 할당하여 권당 만 원을 받았다고 한다. 거의 강매 수준이었다고 불평을 토로하는 이도 있었다.
 관에서 강매하는 행위가 옳고 그름을 떠나 꼼꼼히 읽어 보았다. 스토리(story)와 텔(tell)은 있는데 '-ing'가 미흡했다. 스토리텔링의 핵심은 '-ing'이다. 그럼에도 미흡하다는 말은 '스토리텔링'의 개념을 모를 수도 있고, 편집자의 역량이 부족한 것일 수도 있다고 평가해 본다.
 스토리텔링 방향을 수립할 때 장소에 대한 기초 조사는 매우 중요하다. 장소의 가치 상승이 스토리텔링의 선행 요건이기 때문이다. 장소의 이름 전략과 범위부터 신중하게 설정해야 한다. 그 책이 여기까지는 문제가 없어 보인다. 장소를 바탕으로 한 이야기의 갈등 설정이나 해결 방식 및 의미 등은 미흡한 수준이었다. 즉, '-ing'에 문제가 있어 보였다.
 현대적 스토리텔링은 장소가 중요하다. 먼저 장소(場所)와 공간(空間)의 의미를 생각해 본다.《표준국어대사전》을 보면, 장소는 "어떤 일이 이루어지거나 일어나는 곳."이라는 포괄적인 의미를 지닌다. 공간은 다음과 같이 4가지의 의미를 지닌다. "① 아무것도 없는 빈 곳. ②

물리적으로나 심리적으로 널리 퍼져 있는 범위. 어떤 물질이나 물체가 존재할 수 있거나 어떤 일이 일어날 수 있는 자리가 된다. ③ 영역이나 세계를 이르는 말. ④『물리』물질이 존재하고 여러 가지 현상이 일어나는 장소. 고전 역학에서는 삼차원 유클리드 공간을 사용하였는데, 상대성 이론에서는 시간을 포함한 사차원의 리만 공간을 사용한다."

가스통 바슐라르는『공간의 시학』에서 공간을 "수많은 벌집 같은 구멍들 속에 시간을 압축해 간직하고 있다."[1]라고 언급하였다. 공간 속에 시간이 멈춰 있다고 본 것이다. 이것은 상대성 이론처럼 시간을 포함하는 개념이다. 그러나 이를 헤겔의 자연철학 측면에서 살펴보면, 장소(Ort)는 "공간과 시간의 통일태, 공간—시간점이다." 이것은 "단순한 시간점, 단순한 공간점이란 추상적인 점과 달리 자연적 세계에서의 처음의 '구체적인 점'이다."[2] 그렇다면 장소(Place)는 공간(Space)과 시간(Time)을 포괄하는 개념이라고 해석할 수 있다. 나아가 인간의 경험, 태도, 가치 등 추상적 개념까지 포함한다고 해석할 수도 있다.

현대적 스토리텔링이라는 이름 아래 부산에서 가장 가치 있는 장소는 어디일까? 영도다리(영도대교)라고 주장하면서 대표적인 예로 든다. 한국 전쟁의 애환이 서려 있는 영도다리가 수명을 다해 철거될 예정이었으나, 지역 사회에서 영도다리 스토리텔링, 영도다리 문화 행사 등을 내세워 각고의 노력 끝에 지금은 새로운 문화 공간으로 재탄생하였다.

영도다리는 부산 시민의 정과 한국 전쟁 중 피난민의 애환과 애수가 담긴 부산을 상징하는 다리이다. 영도구 대교동과 중구 광복동을 연결하는 다리로, 처음에는 돛이나 굴뚝이 높은 큰 배가 다리에 걸리지 않고, 그 밑으로 운항할 수 있도록 도개식(跳開式)으로 설계한 것이다. 기

---

1) 가스통 바슐라르, 곽광수 옮김,『공간의 시학』, 동문선, 2003, 83쪽.
2) 네이버 지식백과《헤겔사전》참조.

계가 낡고 수도관이 놓이게 됨으로써 1966년 9월 이후 들어 올리지 못하였다. 당시만 해도 이 교량이 영도와 부산 내륙을 연결하는 유일한 교량이었다.

2013년 영도다리는 다시 도개하기 시작했다. 이 대목이 현대적 스토리텔링의 출발점이다. 영도다리에 얽힌 6·25 한국 전쟁의 아픔이 현대적 문화 광장 혹은 문화 축제의 장으로 탄생한 것이다. 영도다리는 부산 사람만이 아니라, 한국인의 애환이 서린 곳이기에 가능한 일이다. 처음에는 매일 정오를 기해 도개했다. 지금은 교통체증을 방지한다는 측면을 고려하여 14시에 15분간 도개한다. 그 순간 축제의 분위기가 자연스럽게 우러나온다. 하지만 아직 미비한 점이 너무나 많다. 그렇기에 더 감동적인 스토리텔링이 필요하다.

영도다리! 곽경택 감독의 영화 〈친구〉(2001)에서는 어린 주인공들이 영도다리를 건너면서 대화하는 장면이 나오고, 전수일 감독의 영화 〈영도다리〉(2009)에서는 소녀와 잃어버린 아기를 연결시켜 주는 장소이다. 이것은 영도다리의 새로운 스토리텔링의 가능성을 알리는 주요 사례이다.

영도다리의 가치 상승을 위한 현대적 스토리텔링은 이야기의 갈등 설정이나 해결 방식 및 의미 등을 쉽게 이해하도록 설정하여야 한다. 부산이라는 지역성이 잘 드러나면서 관광객들의 흥미를 끌 수 있는 이야기로 새롭게 태어나야 한다. 영도다리라는 특수성의 이야기가 지니고 있는 의미에 방점을 찍어 풍부한 서사 구조를 자아내어야 진정한 스토리텔링이다.

# 3.
## 영화의 3장 구조 :
## 영화 〈친구〉 분석

아리스토텔레스가 『시학』에서 "스토리는 행동의 모방이므로 하나의 전체적 행동의 모방이어야"[1] 한다고 강조했다. '하나의 전체를 이루는 단일한 행위'는 3막/장의 구조를 의미한다. 이처럼 '하나의 전체를 이루는 단일한 행위'를 영화 〈친구〉(2001)를 통해 살펴보고자 한다. 즉, 영화 〈친구〉의 3장 구조를 간략히 살펴본다.

영화의 3장 구조는 통상 1 : 2 : 1의 비율을 적용한다. 가령 120신(scene)[2]/분이라고 하면, 30신/분 : 60신/분 : 30신/분의 비율을 적용한다. 이를 적용하여 곽경택 감독의 영화 〈친구〉를 3장 구조의 개념에 적용하여 읽어 본다.

영화 〈친구〉는 124분 분량이다. 미국 할리우드 영화 〈디어 헌터〉(1979)처럼 예외적으로 1 : 2 : 1의 구조가 아닌 1장의 길이가 길다. 영화 〈디어 헌터〉도 3장 구조의 틀을 벗어났지만, 흥행에 성공했다. 명작의 반열에도 올랐다. 영화 〈친구〉 역시 3장 구조의 틀을 약간 벗어났다. 흥행에도 성공했고, 명작이기도 하다. 틀에서 벗어나는 것이 명작

∴∴∴
1) 천병희 역, 아리스토텔레스, 『시학』, 문예출판사, 1994, 59쪽.
2) '신'(scene)을 통상 '씬'으로 표기하기도 하지만, 《표준국어대사전》을 기준으로 삼아 이하 모두 '신'으로 표기한다.

을 탄생시키는 창조의 길이기도 하다. 곽경택 감독의 영화 〈친구〉의 3장 구조를 분석해 본다.

① **시작의 시작** : 먼저 "추억은 마치 바다 위에 흩어진 섬들처럼 내 머릿속을 떠다닌다. 나는 이제부터 기억의 노를 저어 차례차례 그 섬들을 찾아가고자 한다."라는 나레이션과 "이 영화를 추억의 섬에 살고 있는 나의 친구들과 그 가족에게 바칩니다"라는 자막이 나온다. 이어서 연막 소독차 뒤를 따라 뛰어가는 어린아이들이 부산진시장과 매축지 마을(동구 범일5동)을 잇는 터널을 통과한다. 어린 주인공들이 그 연막을 이용해 수박을 비롯한 물건을 훔쳐 달아난다. 터널을 통과하는 장면은 '현실 세계에서 어릴 적 추억의 세계로 이동하는 효과'를 위한 장치이다. 영화 상영 시점인 2001년에서 1976년 (중심 사건의 시점인 1984년, 영화 속의 현재 시점 1993년보다 더 이전) 어린 시절의 친구로 돌아가기 위한 장치이다.

② **시작의 중간** : 2분 28초, '1976년'이라는 자막과 함께 어린 준석이 부친과 함께 식사하는 장면이 나온다. 이어서 등장인물의 어린 시절과 함께 등장인물 친구 4명의 생활 환경과 성격을 소개한다.

③ **시작의 끝** : 11분 25초, '1981년'이라는 자막과 함께 고등학교에서 친구들이 등장한다. 주인공 준석과 동수의 과업과 갈등을 암시한다. 달리 보면, 시작의 중간이기도 하다. 이는 47분 10초, '1984년'이라는 자막이 나오기 전까지 이어지기 때문이다. 통상 '구성점 1'을 27~29신/분 지점에 장치하지만, 이 영화에서는 40분 이후에 장치해 놓았다.

④ **중간의 시작** : 47분 10초, '1984년'이라는 자막과 함께 마약에 중

독되어 폐인이 된 준석의 집을 친구 두 명이 찾는 장면이다.

⑤ **중간의 중간** : 통상 중간점을 58~62신/분에 장치하지만, 이 영화에서는 56분 30초, 준석은 조직의 보스를 따라나선다. 58분, 동수는 교도소에서 나온다. 이처럼 62분 지점까지의 장면들은 준석과 동수가 서로 다른 조직에서 활동하는 것을 제시하고 향후 둘의 대립을 암시한다. 이들은 돌이킬 수 없는 방향으로 변화해 간다.

⑥ **중간의 끝** : 통상 '구성점 2'를 90~95신/분에 장치한다. 이 영화에서는 87분, 준석 쪽 조직원이 잠자고 있는 동수를 죽이려고 집을 급습하지만 실패한다. 동수는 누구의 소행인지 알아내고 침입자를 죽여 버린다. 89~91분, 준석이 조직원들에게 칼 사용법을 교육한다. 이 장면은 계속 이어지지만, 중간중간에 동수가 조직원을 이끌고 준석의 조직이 관리하는 어시장을 습격하여 준석의 조직원을 칼로 처참하게 찔러 죽이는 장면이 여러 번 나온다. 칼부림의 시작을 제시함과 아울러 향후 또 다른 칼부림을 암시한다. 94분 50초, 준석은 동수를 찾아간다. 잘 지내자고 화해를 청한다. 동수가 거절한다.

⑦ **끝의 시작** : 99분 40초, 동수가 칼에 찔린다. 이것은 새로운 국면에 필요한 행위이다. 이는 마지막 해결을 위한 설정이다.

⑧ **끝의 중간** : 112분, '1993년'이라는 자막이 나온다. 동수는 마지막 해결을 위한 선택을 한다. 재판정에서 살인을 지시했다며 유괴의 길을 선택을 힌다.

⑨ **끝의 끝** : 112분 이후, 어릴 적 수영하는 모습으로 전환한 장면이

나온다. 절친한 친구로 되돌아갈 수 없을 정도로 멀리 와 버렸음을 대변하는 결과적 장치이다.

이처럼 영화 〈친구〉는 부산이 낳은 명작이다. 곽경택 감독이 부산 사람이고, 부산에서 촬영한 영화이다. 한때 '조폭 영화'라는 부정적인 여론으로 폄하하기도 했다. 부산을 영화의 메카로 떠오르게 한 토대를 마련한 작품이라는 긍정적인 평가가 더 우세하다. 오래 기억할 명작이라고 평가해 본다.

제3장

# 현대 소설과 영화 상상력 이해

1. 장편 소설 『은교』를 변용한 영화 〈은교〉의 독자성
2. 장편 소설 『아내가 결혼했다』를 변용한 영화 〈아내가 결혼했다〉의 주제 의식

# 1.
## 장편 소설 『은교』를 변용한 영화 〈은교〉의 독자성

### 1.1. 펼치며

　소설가 박범신의 장편 소설 『은교』(2010)는 '늙음'과 '젊음'의 대립은 물론 노인의 성적 정체성을 노골화한 사랑의 서사이다. 나아가 독자에게 "'나이'에 따라 다르게 규정되는 욕망과 섹슈얼리티[1]에 대해 질문을 던"[2]지고 사회적 논쟁거리로 끄집어 올려놓았다.

　박범신의 소설 『은교』를 원작으로 하여 정지우 감독이 영화 〈은교〉(2012)를 세상에 내놓았다. 영화 〈은교〉는 소설 『은교』와 달리 주제 의식과 미학적 의도가 분명히 구별되는 별개의 텍스트로 이해하면 타당할 것이다. 이 말은 영화 〈은교〉를 두고, 소설 『은교』에서 소재[3]를 차용

---

[1] 영국의 사회학자 기든스(Anthony Giddens)는 신체와 자기 정체성 그리고 사회 규범이 일차적으로 연결되는 지점으로서 섹슈얼리티를 정의했다. 신체와 자기 정체성 그리고 사회 규범 이 세 가지 모두 나이와 직접적인 상호 연관 관계에 있으며 이 세 가지가 연결되는 지점에 있는 섹슈얼리티 역시 나이에 의해 달라지도록 규정된다. '노인'을 무성적(無性的)인 존재로 치부하는 한국 사회에서 특히 그러하다. 소설 『은교』에서 천착하고 있는 것이 바로 이 지점이다. 이채원, 「(대중)소설과 (대중)영화가 당대의 사회 규범과 소통하는 방식」, 『문학과 영상』 Vol.13 No.4, 문학과영상학회, 2012, 706쪽 참조.

[2] 위의 논문, 706쪽.

[3] 10대 소녀에게 음식을 품은 70세 노인네의 애기기 소재의 측면에서 화제를 불러일으켰다면, 그러한 소재를 미장아빔(mise-en-abyme)이라는 액자 구조를 통해서 정교하게 담아낸 내러티브 구성은 작품의 격을 높이는 데 기여했다. 결국, 영화 〈은교〉에서 은교의 도발적인 성적 모험담은 미장아빔의 구조 속에서만, 즉 상상계에서만 가능한 이야기였던 것이다. 김시무, 「정지우 감독의 작품세계」, 『공연과 리뷰(PAF : the performing arts & film review)』 Vol.77, 현대미학사, 2012, 38쪽과 41쪽 참조.

한 수준이라고 해석하거나, 소설의 내용을 독자들에게 '보여 주기'[4] 위한 수단이라고 단정하여 해석하면 곤란하다는 의미이기도 하다. 즉, 영화 〈은교〉는 소설 『은교』의 변용을 통해 독자성(獨自性)을 확보하고 있다는 의미이다.

분명한 것은 소설 『은교』와 영화 〈은교〉는 같은 시대의 텍스트임이 틀림없다. 우리는 "시간의 흐름을 견디고 세대를 지나면서 계속 수용되고 해석되며 재발견되는 텍스트를 '고전'이라"[5]고 말한다. 그렇다면 "동시대의 텍스트들인 '은교'는 분명 고전은 아니다. 또한, 당대의 독자와 관객과 호흡하며 대중[6](소수의 학자나 평론가들이 아닌 다수 대중이라는 의미에서)에게 호소했다는 점에서 '대중' 소설[7] 그리고 '대중' 영화"[8]라고 말할 수 있을 것이다.

이 글에서 박범신 작가의 소설 『은교』와 정지우 감독의 영화 〈은교〉를 비교 분석하면서 차이점[9]과 그 이유를 통해 영화 〈은교〉의 독자성을 살펴보고자 한다. 이들 두 텍스트에 내포한 '노년(老年)', '욕망', '노인의 섹슈얼리티'[10]라는 주제 의식을 중심으로 어떻게 변용하였을까? 생략·추가·변형이라는 측면에서 그 차이점, 이와 더불어 서술 방식의 변용, 그 변용의 미장센(장면화) 과정에서의 차이점, 구체화 과정에서의 차이점을 살펴보고자 한다.

• • •

4) 현대인들은 '말하기'보다는 '보여 주기'의 방식에 익숙하다. 현대 사회를 '스펙터클의 사회'라고 부르는 배경에는 영화, 드라마 등 시각 매체의 압도적인 우세가 깔려 있다. 김만수, 『문화콘텐츠 유형론』, 글누림, 2006, 46쪽 참조.
5) 이채원, 앞의 논문, 707쪽.
6) 여기서 '대중'이라는 단어가 '예술' 혹은 '걸작' 등과 대비되는 단어로 사용된 것이 아님. 위의 논문, 707쪽 참조.
7) 대중 문학(소설)은 독자들의 욕구를 충족시킴으로써 상품성을 확보하려는 데 초점을 두고 있다. 임성래, 「대중 문학 어떻게 이해할 것인가」, 『대중 문학이란 무엇인가』, 평민사, 1995, 29쪽 참조.
8) 이채원, 앞의 논문, 707쪽.
9) 박범신은 "소설에서는 이적요라는 인물은 강고한 카리스마, 돌과 같은 고독을 지닌 독보적인 케이스라 볼 수 있어요. 압도적인 캐릭터인데 소설과 달리 영화에서는 많이 약해졌다고 할까요. 은교에게 바치는 순정만이 부각되어 있거든요."라고 인터뷰한 바 있다. 홍유진, 「늙어도 젊은 것과 젊어도 늙은 것」, 『인물과 사상』 Vol.172, 인물과사상사, 2012, 19쪽 참조.
10) 영화 〈은교〉에서 노시인은 자신만의 이야기로 당대의 성규범에 수줍게 도전하지만 결과는 파국이다. 그래도 성인이 되어 다시 찾아와 "'은교'는 할아버지 것"이었다고 선언했을 때 그 도전이 실패만은 아닌 셈이다. 조흡, 「〈은교〉와 섹슈얼리티 : 생물학과 문화론 사이」, 『대한토목학회지』 Vol.61, No.10, 대한토목학회, 2013, 120쪽 참조.

## 1.2. 소설 『은교』와 영화 〈은교〉의 차이점과 이유

"영화 〈은교〉는 정지우 감독이 각본, 제작, 감독한 영화"[11]이다. 원작 소설『은교』를 영화화하면서 어떻게 변용하였을까?

먼저 영화 〈은교〉의 주인공 이적요를 살펴볼 필요가 있다. "영화의 첫 장면은 노시인 이적요의 어느 아침에서 시작한다. 집 안은 적막하다. 이적요가 가물가물 졸고 있다. 뒤이어 이적요는 다 식은 밥에 김치 한 가지를 놓고 식사를 한다. 그가 쭈그러진 자신의 무게 중심을 내려다보는 모습은 쓸쓸하다 못해 아무 감각이 없는 듯이 보인다. 이적요가 70대라고 해도 그의 건강 상태가 나쁜 것은 아니다. 등산도 잘하고, 심지어 서지우도 엄두도 내지 못할 정도로 가파른 바위 턱에 굴러떨어진 은교의 거울을 내려가 주워 오기도 한다. 자동차도 여전히 직접 손본다. 그를 따라다니는 30대 공학도 서지우와 술을 마셔도 전혀 꿀리지 않는다."[12] 이는 영화 〈은교〉에서 늙음과 젊음이라는 주제를 풀어 나가는 데 있어서 매우 주요한 장면이기도 하다.

영화 〈은교〉에서, 서지우의 차 안에서 은교와 서지우가 키스하는 장면을 이적요가 보는 장면이나 이적요의 서재에서 서지우와 은교가 정사를 하는 장면을 이적요가 사다리를 타고 올라가 방 바깥에서 보는 장면 등, 이러한 장면은 주제 의식과 연관되어 있는 주요 장면이다. 이런 주요 장면이 소설『은교』에서는 노시인 이적요의 관찰로 서술되기에 대사가 나오지 않는 차이점이 있다. 이것은 영화 〈은교〉에서는 소설『은교』에서 존재하지 않은 대사를 추가하였다는 뜻이다. 그 예를 들면, 차 안에서 키스하려는 서지우에게 은교가 "나한테 왜 그러세요?

---

11) 황영미, 「박범신 소설『은교』의 영화화 연구」, 『영상예술연구(Association of image & film studies)』 Vol.22, 영상예술학회, 2013, 162쪽.
12) 유영희, 「영화 〈은교〉를 보는 한 가지 시선」, 『사고와표현』 Vol.5, 한국사고와표현학회, 2012, 154쪽 참조.

내가 좋아서 그래요?"라고 하자 서지우가 "외로워서 그런다. 외로워서."라고 한다. 소설과 달리 영화에서 이런 대사의 추가는 각 인물의 주관성을 강조하기 위해 추가한 것이라고 해석할 수 있다. 이 장면에서 이적요의 시점 숏(shot)은 이적요의 심리적 충격을 주관적으로 강조한 것이기도 하다.[13]

소설 『은교』에서는 이적요·서지우·한은교가 중심인물이다. 그 외에도 "이적요의 변호사, 이적요의 아들인 얼, 이적요의 어릴 적 첫사랑 D와 한때 육체적 관계를 맺었던 M, 서지우가 자주 가는 카페의 종업원 F 등"[14]이 많은 비중을 차지하지만, 영화 〈은교〉에서는 이들을 완전히 배제했다. 원작과 달리 영화에서 인물과 사건을 생략하는 이유는 관객들에게 영상 화면에서 직접 눈으로 보고 해석할 수 있도록 현재성이라는 영화의 특성을 강화했기 때문이다. 영화 〈은교〉에서의 생략·추가·변형에 따른 차이점을 살펴보고자 한다.

### 1.2.1. 영화 〈은교〉에서 생략에 따른 차이점

"장편 소설을 영화로 각색[15]하는 과정에는 영화 매체가 지닌 서술 시간의 문제로 인해 단순화(simplification)와 생략(omission)이 발생하기 마련이다."[16]

소설 『은교』에서는 늙음/젊음의 대립을 중심으로 이적요와 서지우의 갈등에 관한 전말 그리고 이에 대한 은교의 반응이 두드러지게 나타난

---

13) 황영미, 앞의 논문, 170쪽 참조.
14) 위의 논문, 163쪽.
15) 이미 성공한 원작을 각색(adaptation)하는 것이 경제적이라는 것은 당연한 것처럼 보이지만, 이야기를 한 매체에서 다른 매체로 효과적으로 옮기는 데는 여러 가지 심각한 미학적 문제가 존재한다. 토마스 소벅 외, 주창규 옮김, 『영화는 무엇인가』, 거름, 2004, 288쪽 참조.
16) 신종곤, 「영화 〈은교〉의 각색 연구」, 『어문논집』 Vol.68, 민족어문학회, 2013, 249쪽.

다. 그 반면에 영화 〈은교〉에서는 은교의 성격을 강화하여 내러티브의 의미를 다르게 변형하여 형상화하고 구체화하였다. 영화 〈은교〉에서는 소설 『은교』에서 드러낸 늙음/젊음의 모티프와 관련한 일련의 사건들을 생략했다. '이적요의 생애 내력', '방송 프로그램을 통해 도발하는 서지우', '노랑머리의 행위' 등이 대표적인 사례이다.[17]

이 글에서 소설 『은교』에는 존재하지만, 영화 〈은교〉에서 생략한 인물과 사건을 5가지로 한정하여 그 차이점이 무엇인지 아래와 같이 살펴보고자 한다.

**생략 ①** : "이적요의 유산을 처리하는 벗인 변호사는 1인칭 화자로 소설에서 상당히 중요한 인물이다. 소설은 프롤로그의 1인칭 화자 이적요가 '서지우를 내가 죽였다는 놀라운 사실도 미리 밝혀 두고 싶다.'라는 한 문장으로 인해 왜, 어떻게 죽이게 되었는지를 궁금하게 하고 그 과정이 끝에 밝혀지는 다소 추리적인 기법을 사용"[18]함으로써 사건을 암시하면서 독자들의 궁금증을 불러일으키고 있다.

서지우를 내가 죽였다는 놀라운 사실도 미리 밝혀 두고 싶다.
작가 서지우를 기억하는가. 세 편의 베스트셀러를 썼고, 그중의 어떤 것, 예를 들어 『심장』은 지금도 팔리고 있으니, 설령 일 년 후에 이 글이 공개된다 하더라도 당신들은 그를 금방 기억해 낼 것이다. 그는 내 제자이자, 여러 해 '청지기' 역할을 자임했고, 시간의 벼랑 끝으로 참혹하게 내몰리는 말년에는 거의 내 분신처럼 살았다. 나는 잠시 그 역시 사랑했으나 마침내 죽였다. 나는 완전 범죄를 성공시켰다. 이 글은 그 모든 전말에 대한 가감 없는 기록이다.[19]

---

17) 위의 논문, 248-249쪽 참조.
18) 황영미, 앞의 논문, 163쪽.
19) 박범신, 『은교』, 문학동네, 1212, 12-13쪽.

소설과 달리 영화 〈은교〉에서 "변호사를 생략하고 주인공 세 인물의 관계에 집중한다. 그러므로 영화 관객은 이적요가 서지우를 죽이게 되는지 모른 채 영화를 보"[20]고, 그 사건이 일어났을 때 알 수 있게 장치해 놓았다.

그뿐만 아니라, 소설『은교』에서 변호사가 화자인 부분은 서술 시간과 스토리 시간이 거의 동일한 현재 진행이다. 사건 당사자인 이적요나 서지우가 화자인 부분의 주관적인 서술의 톤을 가라앉히는 객관적이고 중립적인 서술의 톤을 유지하면서 대학생으로 성장한 한은교를 묘사하는 객관적인 시선을 견지한다. 영화 〈은교〉에서는 변호사 부분을 과감히 삭제함으로써 현재에서 과거에 일어난 사건을 평가하는 것이 아니라 지금 현재 느끼는 것을 관객과 공유하려고 한다.[21]

**생략 ②** : 영화 〈은교〉에서는 이적요의 어릴 적 첫 사랑인 D라는 인물도 생략했다. 소설『은교』에서는 은교에게 사랑을 느끼는 이적요의 잠재적 무의식의 세계를 잘 설명해 주는 인물로 기능하고 있다. 영화 〈은교〉에서는 「동백꽃」이란 시에 나오는 누이로 언급하며 부분적으로는 살려 놓았다.[22]

**생략 ③** : 영화 〈은교〉에서는 서지우가 자주 가는 카페의 종업원 F라는 인물도 생략했다. 소설에서 은교의 남자 친구를 가장해 학교 앞에서 은교를 기다리는 이적요에게 욕을 퍼붓는 캐릭터이다.

이 사건으로 이적요는 심한 모욕감을 느낀다. 은교에 대한 사랑이 자연스럽다고 생각하지만, 다른 사람들에게는 그렇게 비칠 수도 있다고

---
20) 황영미, 앞의 논문, 163쪽.
21) 위의 논문, 164쪽 참조.
22) 위의 논문, 164쪽 참조.

생각하며 늙음에 관한 성찰을 하게 한다. 은교를 만나지 말아야겠다는 결심을 자아내게 한 인물이다.

영화에서는 생략되었다. 영화 〈은교〉에서 카페의 종업원 "F와 관련한 에피소드를 생략함으로써 소설에서 많은 부분을 차지하는 아적요의 늙음에 대한 성찰보다는 은교를 사랑하는 인물이 이적요라는 점을 강조하고 있다. 이처럼 영화에서 현재성의 강화는 영화의 전개와 밀접하게 관계 맺으며 진행한다.[23]

**생략 ④** : 소설 『은교』에서 이적요는 죽는다. 영화 〈은교〉에서는 이적요가 죽는 장면을 생략했다. 소설 『은교』에서 이적요가 병원에 있다가 아무도 모르게 집의 암굴에서 은교가 준 우단토끼를 쥐고 죽는다. 영화 〈은교〉에서는 서재 침대에 누워 거의 죽음에 임박해 있는 이적요를 대학생이 된 은교가 만나러 와서 단편 소설 「은교」를 할아버지가 쓴 글이라고 말한다. 이적요가 "잘 가라, 은교야!"라고 말하는 부분에서 끝맺는다. 이 역시 현재성을 강조하기 위해서 생략한 것이라고 해석함이 타당할 것이다.[24]

**생략 ⑤** : 소설 『은교』에서 등장한 '이적요의 아들인 얼'과 '이적요와 한때 육체적 관계를 맺었던 M'도 영화 〈은교〉에서는 생략했다. 소설에서 이 둘은 "70평생을 미혼으로 살아온 인물 이적요의 리얼리티를 더해 준다. 이들은 중심 사건에 큰 영향을 끼치지 않는 인물"[25]이라서 영화에서 생략한 것일 수도 있다.

♦♦♦
23) 위의 논문, 164-165쪽 참조.
24) 위의 논문, 165쪽 참조.
25) 위의 논문, 164쪽.

## 1.2.2. 영화 〈은교〉에서 추가에 따른 차이점

영화 〈은교〉에서는 시적 감성을 이해하지 못하는 서지우와 대비하여 시적 감수성을 충만하게 받아들이는 은교의 모습이 부각한다. 원작과는 다른 대립을 부각시키기 위해 영화 〈은교〉는 새로운 사건을 추가하는 방식을 택하고 있다. 또한, '은교와 시에 관한 대화', '단편 소설『은교』의 창작'과 '서지우의 이상 문학상 수상' 사건, '은교가 단편 소설『은교』를 읽는 장면' 등은 영화 〈은교〉의 구문을 형성하는 데에 가장 중요한 핵심 사건임이 틀림없다.[26]

소설『은교』에는 없지만, 영화 〈은교〉에서 추가한 인물과 사건을 4가지로 구분하여 차이점이 무엇인지 아래와 같이 살펴보고자 한다.

**추가 ①** : 영화 〈은교〉에서 "이적요와 은교의 연필에 관한 시적 대화와 은교가 학교에서 글씨를 쓰면서 필통을 달그락거리는 에피소드는 변용 추가한 부분이다."[27] 소설『은교』에서는 아래와 같이 서술하고 있다.

"할아부지, 제 연필 좀 깎아 주세요."라고 네가 말하면 나에겐 그 말이 이렇게 들린다. "할아부지, 제 눈물 좀 닦아 주세요." 단언컨대, 너와 나 사이에서 이보다 큰 슬픔은 없다. 마찬가지로 너에게 처녀는 그냥 처녀일 뿐이겠지만, 나에게 그것은 처음이고 빛이고 정결이고 제단이다.[28]

**추가 ②** : 영화 〈은교〉에서 '단편 소설「은교」의 이상 문학상 수상은

---

26) 신종곤, 앞의 논문, 251쪽 참조.
27) 황영미, 앞의 논문, 167쪽.
28) 박범신, 앞의 책, 94쪽.

새로 추가한 부분이다.'[29] 이 장면은 "서지우의 문학적 입지가 대중 소설 분야뿐 아니라 순수 문학 분야에서도 확고히 인정받게 된다는 것을 말해 준다. '너희의 젊음이 너희의 노력에 의하여 얻어진 것이 아닌 것처럼 노인의 주름도 노인의 과오에 의해 얻은 것이 아니다'[30]라는 지문 속에 묻혀 있던 에피그램이 이상 문학상 시상식 축사에서 이적요의 대사로 언급됨으로써 이적요의 늙음에 대한 성찰이 외부적으로 드러나게 되며, 가장 인상적인 대사로 관객의 뇌리에 박히게 되었다. 또한, 조연으로 등장하는 문예지 편집장을 영화에서 적절히 활용"[31]함으로써 영화를 한층 더 현실성 있게 느끼도록 하면서 흥미롭게 했다.

**추가 ③** : 영화 〈은교〉에서는 "소설에 없는 「동백꽃」이라는 이적요의 시를 추가했다. 이 시는 각색을 직접한 정지우 감독의 자작시이다. 소설에는 여러 시인의 시를 내용에 적절하게 인용하기도 하고, 박범신 작가의 처녀 시집인『산이 움직이고, 물은 머문다』에서 시를 인용하기도 하지만, 시「동백꽃」은 영화에서 추가하였다. 소설에서 이적요가 시인임에도 소설만 쓰고 서지우를 통해 발표할 뿐 이적요의 시가 단 한 편도 나오지 않는다. 이는 시인 이적요의 구체성을 강화하기 위해 시를 직접 썼다고 한다."[32]

또한, 이「동백꽃」이라는 시는 영화 〈은교〉에서는 상당히 중요한 모티프이다. 이는 이적요문학관을 동백꽃기념관으로 건립하게 만드는 동기로 작용한다. 교과서에도 실리고 시험 문제에 나오기도 하는「동백꽃」이라는 시는 은교가 이적요 시인을 존경하는 계기로 작용하기도 한다.

...

29) 황영미, 앞의 논문, 174쪽.
30) 박범신, 앞의 책, 250-251쪽.
31) 황영미, 앞의 논문, 174쪽 참조.
32) 위의 논문, 174쪽 참조.

소설『은교』에서 인민군으로부터 어린 이적요를 지켜 주는 이적요의 첫사랑 D가 시 속에 등장하기도 한다. 영화 〈은교〉에서는 문학관 건립에 관련된 사람들과의 만남에서 이적요는 시 「동백꽃」에서 나오는 누이가 몇 살인 줄 아느냐고 사람들에게 물어본다. 시인 이적요를 가장 유명하게 만든 시가 바로 「동백꽃」이며, 이적요는 「동백꽃」의 시인으로 불리기도 한다. 영화에서 적절하게 추가한 것이다.[33]

추가 ④ : 소설『은교』에서는 서지우가 자신의 단편 소설을 몰래 훔쳐서 발표했다는 것을 우연히 배송된 책에 눈길이 가서 알게 된다. 그 반면에 영화 〈은교〉에서는 서지우가 소설 속 단편 소설 「은교」를 《문학동네》에 발표했다는 것을 문예지 편집장이 이적요에게 알려 준다든가 이상 문학상 수상을 서지우가 예견하지 못했다는 것을 자연스럽게 관객에게 알려 주는 에피소드를 활용하기도 한다. 이처럼 영화 〈은교〉에서 추가 변용한 부분은 구체성을 강화하는 부분에 기여했다고 평가할 수 있다.[34]

### 1.2.3. 영화 〈은교〉에서 변형에 따른 차이점

영화 〈은교〉에서는 "원작의 사건들을 그대로 수용하면서도 달라진 통합체의 의미를 드러내기 위해 기존의 사건들에 변형을 가한다. 원작의 사건들을 그대로 수용하면서도 인물들의 행위를 원작과는 다르게 해석할 수 있는 단초를 제시하거나 상반된 의미를 직접적으로 제시하는 방식을 통해 의미의 변화를 유발한다. 그리고 이러한 변형은 주로 이적

---

33) 위의 논문, 174-175쪽 참조.
34) 위의 논문, 174쪽 참조.

요와 은교의 관계를 보여 주는 사건에서 두드러지게 나타난다."[35]

소설『은교』에서 존재하지만, 영화〈은교〉에서 변형한 인물과 사건을 3가지로 한정하여 그 차이점이 무엇인지 아래와 같이 살펴보고자 한다.

**변형 ①** : 소설『은교』와 달리 영화〈은교〉에서는 서지우의 죽음 직전의 상황을 변형했다. 소설『은교』에서는 서지우의 죽음 직전에 이적요가 자신을 죽이려고 했다는 사실이 너무나 슬퍼 울던 나머지 눈물이 앞을 가려 중앙선을 넘어서 온 트럭에 부딪혔다고 서술하고 있다. 하지만 영화〈은교〉에서는 서지우가 이적요에게 서운한 마음에 울분을 터뜨린다. "아들보다 더 잘했는데" 등의 대사는 진심으로 이적요를 존경했던 서지우에게는 적절하지 않은 아쉬움을 남겨 놓은 대목이라고 볼 수 있다. 이것은 영화〈은교〉가 소설『은교』에서 등장한 각 캐릭터의 심리적 정황을 적확하게 표현하지 못했다고 볼 수 있는 근거로 작용하기도 한다.[36]

또한, 영화〈은교〉에서는 "이적요가 은교를 만나고 순수하게 사랑하고 서지우에 대한 배신감으로 그를 죽이는 부분, 즉 세 인물의 현재적 관계에 주안점을 두고 있기에 이적요의 죽음은 굳이 보여 줄 필요가 없"[37]었을 것이라고 해석할 수도 있다. 그것이 영화의 묘미이기도 하다.

**변형 ②** : 훔친 단편 소설「은교」를 소설『은교』에서는 별 이름도 없는 신생 문예지에 발표한다. 영화에서는『문학동네』라는 유명한 문예지에 발표한다. 이것은 실제 소설『은교』를 출판한 출판사에서 발간하는 계간지이기도 하다. 영화〈은교〉에서는 "이적요가 쓴 단편「은교」를 은교가 읽고 자신을 예쁘게 묘사한 서지우에게 호감과 사랑을 느끼는 계기로

---

35) 신종곤, 앞의 논문, 253쪽.
36) 황영미, 앞의 논문, 166쪽 참조.
37) 위의 논문, 165쪽.

작용한다.[38]

영화에서는 이적요가 이미 써 놓은 소설이 아닌 소설을 쓰는 장면을 현재의 시점에서 영상화하기도 했다. 이것은 소설과 달리 현재성을 강조하기 위해 추가 변용한 것으로 보인다.

**변형 ③** : 영화 〈은교〉에서는 소설 『은교』에서 평이하게 취급한 에피소드에 대해 순서를 바꿔 주요하게 변형하기도 했다. 영화 〈은교〉에서 "이적요가 거울 앞에서 벌거벗은 채 자신의 무게 중심을 바라보는 장면은 소설에서는 뒷부분에 서술하고 있다. 이 장면을 앞부분에 배치함으로써 처음부터 늙음과 성욕에 대한 인식을 하는 이적요의 모습을 보여 줌으로써 이적요의 현재성을"[39] 강화해 놓는 효과를 획득하기도 한다.

## 1.3. 영화 〈은교〉에서 다양한 변용

소설 『은교』에서는 표면적으로 서술자가 이적요·서지우·변호사이다. 이들을 중심으로 한 일인칭 서사이기도 하다. 영화 〈은교〉는 영화의 특성상 서술자가 필요 없다. 그래서 '보여 주기식 다양한 변주와 형상화'[40]를 채택하고 있다.

또한, 영화 〈은교〉에서는 소설 『은교』에서의 세 인물-서술자 중 Q변

---

[38] 위의 논문, 166쪽 참조.
[39] 위의 논문, 167쪽.
[40] 영화 〈은교〉에서 '나이 듦'을 형상화한 방식 중 가장 주목할 만한 것은 70세의 노인 역을 맡을 배우로서 30대의 젊은 배우를 캐스팅하여 노인 분장을 하게 한 것이다. 매 촬영마다 10시간이 넘는 분장이 필요했다고 하는데, 어느 정도 지명도가 있는 30대 배우(박해일)가 노역(老役) 분장과 노인 연기를 감행한 것은 우선 다소 충격적이다. 이적요 역할을 맡을 만한 배우가 충분히 있을 텐데도, 굳이 무리하고 어려운 작업을 선택한 데에는 분명 이유가 있을 것이다. 이채원, 앞의 논문, 719쪽 참조.

호사가 사라진다. 이는 매체적인 특징에 의해 어느 정도는 관습적으로 예측할 수 있다. Q변호사는 소설 텍스트에서 일종의 중재적 증언자의 역할을 한다. 하지만 영화 〈은교〉에서는 증언적 서술이 필요 없다. 소설에서는 서술자가 목격한 것을 독자에게 전달한다면 영화에서는 관객이 직접 목격자이기 때문이다.[41]

따라서 영화 〈은교〉에서는 Q변호사의 존재와 서술이 아예 없다. 오로지 이적요·서지우·한은교의 삼각 구도만이 존재한다. 이처럼 서술 방식의 변용, 그 변용의 미장센(장면화) 과정의 차이점, 구체화 과정의 차이점을 살펴보고자 한다.

### 1.3.1. 소설 『은교』의 서술 방식이 영화 〈은교〉의 삼각 구도로의 변용

소설 『은교』에서 "주요 인물이면서 소설 텍스트의 제목이기도 한 '은교'는 서술적 목소리를 갖지 못했다."[42] 그 이유는 무엇일까?

소설 『은교』는 프롤로그와 에필로그를 제외하고도, 총 27개의 소제목을 가지고 있는 장편 소설이다. 세 명의 서술자가 전면에 등장한다. 주요 인물이기도 한 이적요, 서지우, Q변호사이다. 이적요는 노시인이자 내포 저자의 페르소나이다. 서지우는 이적요의 제자이자 아들과도 같은 최측근이고, '은교'를 사이에 두고 이적요와 갈등을 빚는 인물이다. Q변호사는 이적요의 사후(死後)에 이적요의 노트를 읽고 반추하며 서사의 균형을 잡는 역할을 한다. 서술적 목소리가 셋이지만, 그 목소리의 가청도는 동일하지 않다. 가장 가청도가 큰 '서술적 목소리는 이적요의

...

41) 위의 논문, 719쪽 참조.
42) 위의 논문, 708쪽.

것'[43])이다. 그것은 서술된 분량에서도 드러난다.[44]

　소설 『은교』는 노시인인 이적요의 목소리와 시선으로 전개한 이적요의 서사라고 말할 수 있다. 그럼에도 불구하고 표면적인 서술자는 셋이다. 서지우와 Q변호사도 일정 부분 사건과 인물의 심리를 전달하는 역할을 한다. 소설 『은교』를 보다 역동적인 텍스트로 만드는 데 어느 정도 기여한 것이다. 특히 탐색과 추리의 서사를 구성하는 데 있어서 같은 사건을 다른 시선 다른 목소리로 재전달하며 독자에게 일방적인 시각을 강요하지 않을 수 있었고, 다층적으로 인물의 심리와 사건의 전개 과정을 제시할 수 있었다. 나아가 서술적 목소리의 가청도의 비중에 상당한 차이를 둔 것은 결국에는 이적요에게 가장 큰 서술의 권력을 준 것이다. 이는 이적요를 통해서 하고자 하는 말이 곧 소설 『은교』의 중심 테마로 자리 잡고 있기도 하다. 이적요를 통해 전하고자 하는 중심 테마가 바로 '늙음'과 '노인의 욕망'이다. 여기에 서브 내러티브로서 문단(文壇)에 대한 비판이 더해진다. 이적요가 '늙음'과 '노인의 욕망'에 관해 집중적으로 성찰한 것은 여고생 은교에게 관심을 가지면서부터이다. 은교에 대한 이적요의 관심과 감정을 경계한 서지우에 의해 증폭해 나간다.[45]

　이처럼 소설 『은교』에서 세 명의 서술자에 대해 살펴보았다. 영화 〈은교〉에서는 소설과 달리 서술자의 증언이 필요 없다. 영화라는 영상 매체 자체가 모든 인물과 사건을 현재성이라는 시간의 틀 속에서 다루어야 하기 때문이다. 여기서 소설 『은교』와 영화 〈은교〉를 비교해 가면서 더 구체적으로 주체와 연계하여 살펴볼 필요가 있다.

　소설 『은교』에서 이적요의 고백적 서술을 통해, 노인의 욕망을 지탄

---

43) 총 27장 중 16장이 이적요의 서술적 목소리로 전개된다. 프롤로그 역시 이적요의 목소리로 구성된 부분이다. 위의 논문, 708쪽 참조.
44) 위의 논문, 707-708쪽 참조.
45) 위의 논문, 708쪽 참조.

하는 사회적 규범에 대해 문제를 제기하다가 결국에는 저항하던 규범에 의해 자신을 판단하고 스스로에게 비난을 가하는 것으로 선회한다. 영화 〈은교〉에서는 노인의 욕망을 죄악시하는 것에 대한 분석적 문제 제기는 없다. 70세 노인과 여고생과의 관계가 '더러운 스캔들'이라고 항변하는 서지우에게 극도로 흥분하고 폭력까지 행사하는 이적요의 모습에서 '분노'는 드러나지만, 사회적 편견이나 규범에 대한 분석적 비판은 없다. 영화 매체 자체가 분석에 적절하지 않다는 것이 그 첫 번째 이유로 꼽을 수 있을 것이다. 이것은 영화 〈은교〉에서 노인의 욕망과 섹슈얼리티를 미학적인 방식으로 형상화하기 위해 환상 속에서 젊은 시절 시인의 모습을 등장시키는 방식을 선택한 것은 한편으로 '안전한' 방법이었고, 한편으로 '모순적'인 방식이라고 볼 수도 있다.[46]

영화 〈은교〉에서 은교를 이적요나 서지우와 마찬가지로 카메라의 눈으로 제시한다. 카메라의 시선은 곧 관객의 시선이기도 한다. 이것은 시점 숏을 사용한다고 해도 관객은 결국에는 이적요의 시선이 아닌 관객 자신의 시선으로 은교를 보게 된다. 이적요의 환상에서도 마찬가지이다. 이적요의 환상은 이적요의 머릿속 이미지이지만, 환상 속의 은교와 이적요의 모습도 카메라의 눈을 통해 재현할 수밖에 없다. 또한, 이적요의 시선이 은교를 바라보지만, 관객 역시 은교를 바라보고 은교를 바라보는 이적요까지도 '보게' 된다. 이런 메커니즘에 의해서 소설 텍스트를 구성하는 세 명의 서술자 중 한 사람인 Q변호사가 빠진 자리에 자연스럽게 은교가 이적요와 서지우와 함께 삼각 구도의 한 축을 구성한다.[47]

따라서 "관객은 은교의 말과 행동을 통해 은교의 심리나 감정을 유추

---

46) 위의 논문, 721쪽 참조.
47) 위의 논문, 723쪽 참조.

한다. 이제 은교는 살아 숨 쉬는 생동감 있는 피사체로서 존재하며, 관객은 더 이상 이적요의 시선과 서술에 의지해서 은교를 상상하지 않는다."[48]라고 평가할 수 있다.

### 1.3.2. 영화 〈은교〉의 미장센(장면화) 과정에서의 차이점

"영화 〈은교〉의 미장센[49]은 뛰어난 편이다."[50] 더 구체적으로 말하자면, 우리나라 영화사에서 감각적 미장센을 그 어느 영화보다 탁월하고 섬세하게 살린 영화라는 평가를 받았다. 바로 이 점에서 영화 〈은교〉의 가치가 있다. 사랑이란 육체적 접촉에 있는 것이 아니라 영혼과 감성의 소통이라는 주제로 미장센을 통해 강조하고 있다.[51]

영화 〈은교〉의 뛰어난 점은 우선 지식인이며 시인의 서재와 집을 이처럼 잘 구현한 한국 영화가 없었을 정도로 차분하고 딱 맞는 '로케이션과 공간'[52]이 선정되었다는 점이다. 그뿐만 아니라 사다리라는 소도구의 역할에 대해 예를 들면, 이적요가 외부 세계와 소통하는 매개물이다. 은교는 이 사다리를 타고 이적요의 세계로 침입한다. 사다리로 인해 깨진 이적요의 고독은 은교와 소통의 시공간을 열어 주기도 하는 통로인 셈이다.[53]

•••

48) 위의 논문, 723-724쪽.
49) 각색 영화는 글로 씌어진 원작에 감독의 의도에 따라 장면화하는 작업을 거치는데 이를 미장센(mise en scene)이라고 지칭한다. 황영미, 앞의 논문, 167쪽 참조.
50) 위의 논문, 167쪽.
51) 위의 논문, 171쪽 참조.
52) 부암동에 있는 900평 규모의 대지 속 비어 있는 집을 개조한 주택이라고 하는데, 오래된 소나무와 많은 나무가 있는 공간은 이적요 캐릭터에 더할 나위 없이 잘 구현해 주고 있다. 즉, 이러한 이적요의 집이라는 공간은 외부와 단절되어 자신만의 세계에 갇혀 있는 이적요의 고독과 지성을 표상한다. 위의 논문, 168쪽 참조.
53) 위의 논문, 168쪽 참조.

세밀하게 묘사한 소설『은교』에서 상상력 발휘의 개인차에 따른 시각적 실감이 떨어지지만, 영화 〈은교〉에서는 클로즈업 기법을 통해 인물들의 관계를 잘 드러내고 있다. 각 인물의 시점 숏을 통해 일인칭 다중 시점의 주관적 서술을 비주얼로 전환하기도 했다. 나아가 손과 눈, 검버섯, 은교의 다리, 발목, 어깨선 등 은교의 육체를 부분적으로 강조함으로써 순수와 젊음을 상징하는 은교와 늙음을 상징하는 이적요의 모습을 강조하기도 했다. 움직임이 없어 보이는 정적인 장면에도 인물의 조그만 감정 변화를 담아내는 장면들을 효과적으로 촬영했다고 평가할 수 있다. 특히 소설『은교』에서 은교의 잠든 모습을 매우 탁월하게 장면화했다고 평가할 수도 있다. 또한, 은교가 비오는 날 밤 이적요를 찾아와서 이적요의 반바지를 입고 침대에 누웠을 때, 은교의 교복을 말리던 이적요의 시점 숏으로 은교의 바짓가랑이 사이를 포착하는 것도 이적요의 욕망을 적절하게 대리해 주는 장면화라고 평가할 수 있다.[54]

　"비오는 밤 은교가 비를 맞고 이적요의 집에 들어와서 잠을 잔 다음 날 이적요의 침대에서 자고 일어난 아침에 이적요는 은교의 몸과 가슴의 헤나를 보게 되고 은교를 살짝 만질 때 클라리넷과 첼로가 조화되는 음악도 그들 사랑의 순수함과 플라토닉한 사랑을 강조"[55]하는 장치라고 보면 타당할 것이다.

　영화 〈은교〉에서 섹슈얼리티를 형상화한 방식 중 또 다른 독특한 장면은 서지우와 은교의 정사 장면을 이적요가 엿보는 신에서 드러난다. 이 장면은 소설『은교』에서도 묘사가 이루어졌으나 그 느낌과 밀도와 메시지는 사뭇 다르다. 소설『은교』의 독자는 서지우와 은교의 정사 장면을 볼 수 없다. 이적요의 시선과 이적요의 서술에 의해서만 머릿속으로

---
54) 위의 논문, 169쪽 참조.
55) 위의 논문, 172쪽.

이미지화할 수 있다. 그 사건은 이적요가 서지우 살해의 정당성(?)을 설명하는 데 결정적인 역할을 했다는 해석이 가능할 것이다. 이적요가 '모든 사랑에 대한 흉포한 폭력'이라고 규정한 그 장면은 영화에서는 상당히 다른 각도에서 형상화한다. 영화의 관객은 이적요의 시선과 서술을 통해 그 장면을 이미지화하는 것이 아니라 직접 그 장면을 목격하는 혹은 훔쳐보는 위치에 놓인다. 그 장면을 엿보는 이적요의 모습까지도 관객은 바라본다. 이적요는 엿보는 자의 위치에 서기도 한다. 즉, 시선의 주체이기도 하면서 한편으로는 시선의 대상이기도 하다.[56]

### 1.3.3. 영화 〈은교〉에서 구체화 과정에서의 차이점

소설 『은교』에서는 나이든 시인의 늙음에 대한 성찰과 은교에 대한 사랑을 함께 강조하는 반면, 영화 〈은교〉에서는 소녀를 사이에 둔 노인과 청년의 갈등을 통해 정신적 사랑과 육체적 사랑의 차이를 강조하고 있다. 그들의 갈등을 감각적으로 형상화하기 위해 원작의 내용을 삭제하고 새로운 내용으로 변용 추가하기도 했다. 소설 『은교』에서 인물 은교는 주체적으로 표현하기보다는 타인의 시각에 비친 주관성을 강조한다. 서지우와 이적요가 은교를 보는 두 가지 시선은 은교를 객체로 머물게 한다. 즉, 서지우가 보는 은교는 성적 코드의 대상이지만, 이적요가 보는 은교는 정신적 교감과 순수함을 표상한다. 두 가지 모습의 은교는 남성의 시선에 투영된 여성의 객체화된 모습이라고 해석해도 무방할 것이다. 반면에 영화 〈은교〉에서는 은교가 주체로서 작동하지 않으므로, 이 영화는 여성을 남성의 시선의 대상인 객체로서만 보고 있다고 평가할 수 있다. 은교는 소설 「은교」를 서지우가 쓴 것으로 알고 서지우에

---
56) 이채원, 앞의 논문, 722쪽 참조.

게 몸을 허락한다. 대학생으로 성장한 은교는 책을 다시 읽어 보고 소설 「은교」가 이적요 작품이라는 것을 알고 다시 고독 속에 묻혀 있는 이적요를 찾아간다. 그제야 비로소 은교는 판단하고 행동하는 성숙한 주체로 변화했다고 보는 것이 타당할 것이다.[57]

영화 〈은교〉에서는 '거울'이나 '연필'을 통해 상징하는 바가 구체적으로 잘 살아 있다. '깎여진 연필'은 슬픈 것이라는 이적요의 말을 생각하며 필통을 달각거리는 은교의 모습은 은교와 이적요가 정신적으로 소통하는 계기로 작용한다. '거울' 역시 공장에서 찍어 내는 다 같은 거울로 생각하는 공대생 서지우는 결코 알 수 없는 세계에서 은교와 이적요가 소통하고 있다는 것을 구체화한 것이다. 영화 〈은교〉의 결말에서 서지우의 사고 장면은 순수한 은교의 정절을 오염시킨 서지우에게 이적요가 내린 벌이라는 주제를 드러내는 장면이기 때문에 카메라의 노출을 많이 하고 아주 천천히 다소 심할 정도로 자세하고 오래도록 보여 준다. 이는 질투와 연민으로 인한 이적요의 고통을 함께 드러내는 장면이기도 하다. 즉, 서지우에게 벌을 내림으로써 스스로에게 고통을 주는 이적요의 심경을 더 없이 잘 드러냈다고 평가할 수 있다.[58]

나아가 "영화 속 '은교'는 소설 속 '은교'보다 좀 더 적극적이며 능동적으로 형상화했다. 은교의 적극성은 세 사람의 삼각 구도에 좀 더 팽팽한 긴장감을 부여한다. 또한, 소설 텍스트에서 이적요에게 주어진 강력한 서술의 권위는 영화에서 많이 약화한다. 이 또한 영화 속 삼각 구도를 보다 치열하게 만든다. 소설『은교』에서는 이적요의 서술적 목소리가 서사를 지배했으므로 이적요와 서지우의 관계에 있어서 균형의 추가 기울어졌으나, 영화 〈은교〉에서는 이적요와 서지우의 관계가 좀 더 예리한

---

57) 황영미, 앞의 논문, 173쪽 참조.
58) 위의 논문, 175쪽 참조.

대립각을 가질 수 있었다. 서지우의 베스트셀러를 사실상 이적요가 쓴 것이라는 사실 역시 소설 텍스트에서는 문단을 조롱하고 비판하는 서브 내러티브로 활용하였으나 영화에서는 이적요와 서지우의 관계 양상에 대한 메타포로 사용한다. 그 관계 양상은 영화 초반 이적요와 서지우의 '러브 샷'에서도, 영화 후반부에 서지우가 눈물을 흘리는 장면과 이적요가 눈물을 흘리는 장면의 교차 편집에서도, 비중 있는 함의를 가지고 은유적으로 형상화"[59]하였음을 알 수 있다.

## 1.4. 닫으며

앞에서 소설『은교』와 영화〈은교〉를 비교 분석하면서 차이점과 그 이유를 살펴보았다. 더 구체적으로 말하면, 두 텍스트에 내포한 '노년', '욕망', '노인의 섹슈얼리티'라는 주제 의식을 중심으로 어떻게 변용하였는지 생략·추가·변형이라는 측면에서 그 차이점을 중심으로 영화〈은교〉의 독자성을 살펴보았다. 영화〈은교〉는 소설『은교』와는 구별되는 독자적인 주제 의식이 두드러지게 드러난다. 영화〈은교〉는 주요 인물·배경·사건들을 소설『은교』에서 수용하였다.

나아가 주요한 사건들을 통사적으로 재배열하고 사건들을 생략·추가·변형함으로써 새로운 의미의 내러티브를 창조하였음도 살펴보았다. 또한, 영화〈은교〉에서는 소설『은교』에서 나타나는 일인칭 서술의 특징, 즉 편지와 일기체의 특성에 나타나는 고백들과 이를 종합하는 서사적 현재의 서술을 해체한다. 일인칭 서술을 통해 과거 사건들을 종합하는 방식이 아니라 인물들을 초점 대상으로 현재의 시점에서부터 사건들을

...
[59] 이채원, 앞의 논문, 724쪽 참조.

선형적으로 서술하는 방식을 택했음도 알 수 있었다.[60]

　장편 소설『은교』와 서사 전개 방식이 다른 영화 〈은교〉가 나이와 사회적 지위와 성별을 막론하고 살아 숨 쉬는 인간의 나약함, 질투, 욕망, 분노 등이 교차하는 의미망을 치명적일 수밖에 없는 삼각 구도 속에서 훌륭하게 재현해 내었다고 평가해 본다. 이 두 텍스트의 공통분모는 텍스트 내부에서보다는 오히려 텍스트 외부와의 관계에서 찾을 수 있다. 그것은 '노인의 욕망'을 금기시하는 사회 규범과의 역학 관계와 길항 작용이며 더 나아가서 '늙음'을 혐오하는 젊은 세대에 고하는 전언으로 보아도 무방할 것이다.[61] 늙음과 젊음의 대립은 물론 노인의 성적 정체성과 성적 욕망, 사랑의 감정이라는 주제 의식 때문이다.

　이 두 텍스트가 노인의 성적 정체성을 사회적 논쟁거리로 표면화했다. 노인의 성적 욕망과 사랑의 감정을 새로운 시각에서 바라보아야 한다는 화두를 던진 셈이다.

　향후 몇 년은 끊임없이 사회적 논쟁거리는 물론 노인 관련 정책을 수립하는 데 길잡이 역할을 할 것이라는 추측을 해 본다. 이 두 텍스트에서 다룬 노인의 성적 정체성은 삶의 질 향상을 위한 노인 복지 정책과 노인 성범죄 예방 정책 등과 밀접한 관련이 있기 때문이다. 나아가 두 텍스트에서 다룬 주제 의식이 문화 콘텐츠 산업의 발전 추세와 맞물려 대중문화의 긍정적 모색의 길잡이가 될 것이라는 전망도 해 본다.

---

60) 신종곤, 앞의 논문, 256쪽 참조.
61) 이채원, 앞의 논문, 726쪽 참조.

# 2. 장편 소설 『아내가 결혼했다』를 변용한 영화 〈아내가 결혼했다〉의 주제 의식

## 2.1. 펼치며

제2회 세계문학상을 수상한 박현욱 소설가의 『아내가 결혼했다』(2004)라는 장편 소설은 베스트셀러로 자리 잡기도 했다. 한편 영화 〈아내가 결혼했다〉[1](2008)는 원작 소설의 명성과 스타 여배우 손예진의 인기를 등에 업고 개봉하였다. "로맨틱 코미디라는 장르로서 한국 내에서 180만 명이라는 수치는 흥행 기록[2]으로써는 꽤 괜찮은 성적을 취득했다"[3]라는 평가를 받기도 했다.

---

1) 〈아내가 결혼했다〉는 감독 정윤수, 주연 손예진, 김주혁으로 2008년에 상영한 영화이다. 영화에서의 인아가 두 남자를 만나게 되는 모습은 원작 소설보다 비교적 긍정적으로 그려지고 있다고 평가하기도 한다. 김정애, 「설화 〈뒤주 태운 남편과 간부 제사 지낸 아내〉에 나타난 아내의 문제의식과 그 의미」, 『문학치료연구』 Vol.28, 한국문학치료학회, 2013, 213쪽 참조.
2) 영화 〈아내가 결혼했다〉는 CJ엔터테인먼트에서 공동 제작과 배급을 맡아 만들어진 영화이다. 영화는 특이한 소재와 더불어 대중들로부터 관심을 받고 있는 여배우 손예진의 노출을 내세우며 관객 몰이에 나섰고 국내 스크린 장악 1위인 CGV(CJ엔터테인먼트의 계열사)에서 통상 8개관 중 3개관을 장악하며 개봉했다. 이런 배경을 바탕으로 〈아내가 결혼했다〉는 개봉 몇 주 동안 꾸준히 관객 성적 1위를 자랑하며 흥행에 성공하는 것처럼 보였다. 그러나 관객은 이내 돌아섰다. 영화진흥위원회 한국영화 산업정보에 따르면 〈아내가 결혼했다〉의 총 입장 관객 수는 전국 1,818,497명(서울 633,447명)인데, 이는 우리나라 흥행 순위 100위 (2011년 08월 현재 영화진흥위원회가 한국영화 산업정보를 통해 밝힌 역대 흥행 순위 100위는 〈1번가의 기적〉으로 전국 관객 수는 2,750,475명이 집계됐다) 안에도 들지 못하는 초라한 수준이다. 조헌용, 「소설과 영화의 상호텍스트성 연구」, 박사학위논문, 고려대학교 대학원 문예창작학과, 2011, 56쪽 참조.
3) 이충민, 「한국 영화에서 재현된 여성의 개인화와 가족 형태의 변화」, 『글로벌문화콘텐츠』 제6호, 2011, 56쪽.

영화 〈아내가 결혼했다〉는 "한 여자가 두 남자를 거느리면서 두 집 살림을 하는 과정을 묘사한 로맨스다. 엄격히 말하자면 영화는 한 여성의 독특하면서도 흥미진진한 러브스토리, 즉 동시에 두 번 결혼을 하는 여성에 관한 이야기"[4]이다. "2008년에 상영한 이후 대중들과 연구자들에게 적지 않은 관심과 주목을 받아 왔다. 그러한 관심의 바탕에는 〈아내가 결혼했다〉가 우리 상식에 도전하는 매우 도발적이고 전위적인 작품이라는 시선"[5]과 "가족에 대한 유토피아적 상상력이 작용한 것이라고 보는 시선"[6]이 주요한 축을 이루고 있기 때문이다.

박현욱 소설가는 소설 『아내가 결혼했다』[7]를 통해 축구와 관련한 다양한 콘텐츠들을 모티프로 삼았다. 그와 같은 모티프의 실감과 더불어 전달할 수 있는 효과적인 매개 방식을 장착하였다. 이를 바탕으로 근래 시대적 트랜드를 소설화하여 대중적 반응을 얻어 내는 데 성공했다.[8]

이 글에서 박현욱 소설가의 소설 『아내가 결혼했다』와 정윤수 감독의 영화 〈아내가 결혼했다〉를 비교 분석하면서 차이점과 그 이유를 통해 주제 의식을 살펴보고자 한다. 이들 두 텍스트에 내포한 인물과 사건, '사랑', '가족', '결혼', '섹슈얼리티' 등의 주제 의식을 중심으로 어떻게 변용했는지 그 차이점을 살펴보고자 한다.

∙∙∙

4) 위의 논문, 57쪽.
5) 김성제, 「합류적 사랑과 환희의 텍스트: '아내가 결혼했다'의 놀이/게임과 독자/관객」, 문학과영상, 문학과영상학회, 2009, 593-611쪽 ; 김기봉, 「우리 시대 가족이란 무엇인가-영화로 보는 질문과 대답」, 『드라마연구』 제30호, 한국드라마학회, 2007, 121-149쪽. (김정애, 앞의 논문, 213쪽 재인용.)
6) 이충민, 앞의 논문, 41-65쪽. (김정애, 위의 논문, 213쪽 재인용.)
7) 2006년 3월 10일 초판을 찍고 겨우 4개월이 지난 같은 해 7월 20일 초판 26쇄를 찍으며 대중적인 사랑을 받은『아내가 결혼했다』의 혼성장르화 경향이 스포츠물과 멜로물에 국한되는 것은 아니다. 소설은 어느 중간중간에 영화의 제목과 내용을 자신의 서사 일부로 활용하기도 한다. 소설 속 「참고 자료」를 통해서 밝히고 있는 것처럼 소설은 TV의 다큐멘터리를 비롯해 인터넷에 떠도는 이야기들을 아무렇지도 않게 늘어놓기도 한다. 이밖에도 소설은 이웃 소설들을 차용하기도 한다. 조헌용, 앞의 논문, 44쪽 참조.
8) 손정수, 「미디어 네트워크 속 '소설의 운명'」, 『세계의 문학』 2000년 겨울호, 276-277쪽. (위의 논문, 42쪽 참조 재인용.)

## 2.2. 두 텍스트의 차이점

영화 〈아내가 결혼했다〉는 정윤수 감독이 직접 각색에 참여한 영화이다. 소설을 영화로 각색하는 과정에서 영화 매체가 지닌 서술 시간의 문제로 인해 단순화와 생략은 물론, 추가, 변형이 발생한다. 원작 소설 『아내가 결혼했다』를 영화화하면서 어떻게 변용하였을까?

먼저 시선이라는 측면에서 살펴보면, "소설 『아내가 결혼했다』가 환멸과 조롱으로 세상을 바라본다면 영화 〈아내가 결혼했다〉는 연민과 희망으로 세상을 바라본다."[9]라고 요약할 수 있다.

소설 『아내가 결혼했다』는 '冒頭(모두)'에서부터 그것을 암시하고 있다. 그 '冒頭'는 아래와 같다.

아내가 결혼했다. 이게 모두다.

나는 그녀의 친구가 아니다. 친정 식구도 아니다. 전남편도 아니다. 그녀의 엄연한 현재 남편이다. 정말 견딜 수 없는 것은 그녀 역시 그 사실을 누구보다도 잘 알고 있다는 것이다.

내 인생은 엉망이 되었다.[10]

이처럼 소설 『아내가 결혼했다』에서는 冒頭 첫 줄에서부터 "아내가 결혼했다. 이게 모두다."로 시작한다. 누구나 대번에 아내가 다른 남자와 결혼했을 것이라는 추측을 하게 한다. 그다음 문단에서 "나는 그녀

---

9) 조헌용, 위의 논문, 49쪽.
10) 박현욱, 『아내가 결혼했다』, 문학동네, 2013, 9쪽.

의 친구가 아니다. 친정 식구도 아니다. 전남편도 아니다. 그녀의 엄연한 현재 남편이다. 정말 견딜 수 없는 것은 그녀 역시 그 사실을 누구보다도 잘 알고 있다는 것이다."라는 대목은 아내가 정통적인 결혼 관념의 틀을 깨는 도발적인 행동을 감행할 것이라고 암시한다. 또한, 화자는 "내 인생은 엉망이 되었다."라며 아내의 이상야릇한 결혼 때문에 자신의 인생이 엉망으로 변해 버렸다고 밝힌다.

　소설과는 달리 영화 〈아내가 결혼했다〉의 영화의 첫 장면은 축구 경기이다. "영화의 오프닝을 통해 FC 바르셀로나와 레알 마드리드의 경기를 보여 준다. 과격하고 거칠지만 손에 땀을 쥐게 하는 장면들이다. 이어 상암월드컵경기장 위로 붉은 해가 떠오른다. 희망찬 모습이다. 경쾌하게 흐르는 Pet Shop Boys의 'Go West'는 영화가 활기찬 도시의 일상 속에서 스포츠와 같이 흥미진진한 이야기를 담고 있다고 말해 준다."[11] 이처럼 영화의 첫 장면은 소설과는 달리 희망적인 일이 펼쳐질 것 같은 암시를 영상화하고 있다.

　영화 〈아내가 결혼했다〉의 마지막 장면 역시 "독일 월드컵에 가기 이전의 상태까지 보여 주었던 소설과는 달리 영화는 먼저 떠난 인아를 좇아 스페인으로 가는 재경과 덕훈의 모습을 결말에 보여 준다."[12]

　그뿐만 아니라, 두 텍스트 간의 차이점을 메시지에서도 찾을 수 있다. 소설에서는 "혼인의 윤리와 열정의 윤리를 모두 취하려는 아내를 통해서 이 사회가 가지고 있는 일부일처제의 신화가 얼마나 커다란 모순인가를 말해"[13] 주는 반면에, 영화에서는 "결과적으로 삶에 대한 찬미를 그리고 있다. 행복하게 살기 위해 우리가 뭔가를 선택할 때 제도나

---

11) 조헌용, 앞의 논문, 49쪽.
12) 위의 논문, 54쪽.
13) 위의 논문, 41-42쪽.

제약으로부터 용기를 갖자, 라는 메시지를 담고 있"[14]음도 차이점이라 할 수 있다.

## 2.2.1. 영화에서 사건의 변형에 따른 차이점

소설 『아내가 결혼했다』와 영화 〈아내가 결혼했다〉, 두 텍스트의 서사 내용 측면에서 차이점은 명확하다. 4가지로 구분할 수 있다.
① 소설에서는 덕훈이 재경네 가족들과 딸의 돌잔치를 벌이고 있는 곳에 찾아가지 않지만, 영화에서는 찾아가 주인아가 자신의 아내이고, 지원이 자신의 딸아이임을 폭로한다. ② 소설에서는 지원이의 생물학적 친부가 밝혀지지 않았지만, 영화에서는 덕훈이 친부라는 것을 유전자 검사로 명확하게 밝힌다. ③ 소설에서는 덕훈과 재경은 겉돌고, 덕훈이 마음을 열지 않는다. 영화에서는 처음에는 겉돌지만, 결국에는 덕훈과 재경이 서로 이해하는 관계로 전환한다. ④ 소설에서는 재경을 떼어 내려고 뉴질랜드로 떠나지만, 영화에서는 덕훈과 재경이 함께 인아가 있는 스페인으로 떠난다.
영화 〈아내가 결혼했다〉에서는 소설과 달리 덕훈은 재경네 가족과 딸아이의 돌잔치를 치르는 곳으로 찾아가서는 아이의 아빠가 자신이고, 인아의 남편도 자신이라고 밝힌다. 당황한 인아는 아이를 안고 종적을 감춰 버린다. 아내가 사라진 뒤 또 한 번 인아의 그 빈자리를 크게 느끼던 덕훈은 재경과 그 외로움을 공유한다. 그러던 중 인아로부터 엽서가 날아온다. 인아가 있는 곳으로 갈 수 있는 비행기표를 쥐고 덕훈은 고민을 한다. 결국, 덕훈은 인아 없이는 살 수 없을 뿐 아니라 혼자 독차지할 수도 없다는 것을 인정하고 재경과 함께 비행기를 타고 인아가 있는

• • •
14) 조이뉴스 24, 2008. 9. 23일자 기사, 정윤수 감독이 서울 소공동 프라자 호텔 기자 회견장에서 밝힌 말이다.

곳(스페인)으로 향한다. 세 사람은 딸과 함께 축구장에서 즐거운 시간을 보낸다.[15]

이렇게 인아를 중심으로 한 일처다부제의 한 가족을 이루어 행복하게 살 것이라고 암시한다. 이 해피 엔딩의 영상을 통해 관객들에게 향후 이들의 행복한 삶에 대해 상상하도록 여운을 남겨 놓았다.

원작과 달리 영화에서의 인물과 사건을 변형하는 이유를 정윤수 감독은 "여자들이 느꼈던 결혼에 대한 박탈감으로부터 위치 바꾸기를 해 보자, 동등하게 자유로워지자, 라는 시각에서 출발했다. 궁극적으로는 좀 더 제대로 사랑하자, 라는 메시지를 담고 있"[16]음을 밝히기도 했다.

여기서 소설 『아내가 결혼했다』의 줄거리와 서사 방식을 언급해 볼 필요가 있을 것이다. 아내는 아무렇지도 않게 남편이 아닌 또 다른 남자와 결혼했다. 화자가 말 그대로 부끄러움과 참혹함을 무릅써야 하는 이상하고 이질적인 이야기가 어떻게 펼쳐질 것인지를 지켜보는 일. 소설은 일차적으로 독자들의 호기심을 자극하며 시작한다. 이후 소설은 나와 그녀의 연애담을 축구 경기에 빗대어 펼쳐 놓는다. 아내가 다른 남자와 결혼을 했어도 "공을 가지면 내가 주역"이고, "모든 것이 무너져도 우리에겐 항상 축구가 있"기에 그리 큰 문제가 되지 않는다. 축구 경기에 사랑 이야기가 깃들 수 있었던 것은 2002년 한일월드컵 이후 당시의 사회를 아우르는 트랜드가 축구이기에 가능했다. 소설은 축구에 관한 해박한 지식을 자연스럽게 본문으로 활용하면서 이야기를 끌어나간다. 마치 소논문을 연상시키게 하는 참고 자료의 목록은 『아내가 결혼했다』가 기존 소설이 사용했던 서사 방식으로 움직이지 않고 있음을 말해 준다.[17]

・・・
15) 김정애, 앞의 논문, 213쪽 참조.
16) 조이뉴스 24, 앞의 기사.
17) 조현용, 앞의 논문, 42쪽 참조.

## 2.2.2. 영화에서 인물 변형에 따른 차이점

　소설과 달리 영화 〈아내가 결혼했다〉에서는 덕훈의 어머니와 누나 등 주변 인물이 추가되었다. 특히 "두 번의 이혼을 경험한 누나, 그리고 그걸 지켜보며 아내를 칭찬하는 어머니라는 주변 인물을 창조하며 영화는 덕훈의 소심함을 돕기도 한다."[18]

　이처럼 소설과 달리 영화 〈아내가 결혼했다〉에서는 삼각 구도의 주요 인물인 주인아, 덕훈, 재경의 캐릭터도 변형하였다. 그 차이점이 무엇인지 살펴보고자 한다.

　**변형 ①** : 인물 '주인아'는 소설 『아내가 결혼했다』에서는 매우 지적이고 차분한 인물이지만, 영화 〈아내가 결혼했다〉에서는 깜찍하고 귀엽고 사랑스러운 인물로 변형하였다.

　소설 『아내가 결혼했다』에서 주인아는 "사귀게 되면 좋지만 어떻게든 사귀려고 안달할 정도는 아닌 딱 그 정도의 점수"인 70점의 여자이다. 그녀의 "눈은 그리 크지 않았다. 키도 작은 편이었다." 그런 그녀가 단숨에 90점으로 솟구칠 수 있었던 것은 축구를 좋아하는 단순한 까닭 때문이다. 영화 〈아내가 결혼했다〉의 주인아는 다른 모습이다. 멀리서 달려오는 남자를 위해 지하철 문틈으로 구두를 집어넣을 수 있는 배려심 깊은 그녀는 5년 전 같은 회사에서 프리랜서로 일했던 동료였다. 총각이든 애 아빠든 "일하는 동안 모두가 그녀를 좋아"[19]하도록 만드는 매력 만점의 여자였다. "부모님이 이름을 참 잘 지으셨어요. 주인아씨. 대번에, 모든 사람을 다 마당쇠로 만들잖아요. 주인 아씨, 아씨."[20] 말문이

• • •
18) 위의 논문, 52-53쪽.
19) 정윤수, 영화 〈아내가 결혼했다〉, 2008, 덕훈의 나레이션, 4분 10초. 위의 논문, (50쪽 재인용.)
20) 정윤수, 위의 영화, 5년 만에 다시 만난 자리에서 덕훈이 주인아에게 건네는 말, 3분 10초~3분 20초. (위의 논문, 50쪽 재인용.)

막혔을 때 아무렇게나 농담 삼아 던진 말은 덕훈이 이미 5년 전에 그녀에게 했던 말이었다. 비록 영화가 충실한 각색으로 소설에서처럼 덕훈의 입장에서 주인아를 그려 나가지만 주인아를 중심으로 이야기를 풀어 나갈 것임을 암시하는 부분이다. 영화화를 통해서 평범했던 소설 속 주인아는 애교와 매력이 넘치는 캐리어우먼으로 설정하였다.[21]

**변형 ②** : 인물 '덕훈'은 소설 『아내가 결혼했다』에서는 화자로서 조롱과 냉소적인 시선으로 아내를 바라보지만, 영화 〈아내가 결혼했다〉에서는 우유부단한 인물로 변형하였다.

소설과 달리 영화 〈아내가 결혼했다〉에서는 덕훈이 스스로 주인아의 마당쇠임을 보여 주기도 한다. 인물의 변화는 주인아를 둘러싼 남자들에게서 더욱 뚜렷하게 나타난다. 소설을 이끌어 가는 화자로서 조롱과 냉소를 가득 담고 아내를 바라보는 나(노덕훈)는 영화화 과정에서 우유부단한 성격을 더욱 강하게 드러낸다. 한 달도 버티지 못하고 그녀에게 전화했다. (뭐라고? 손가락을 부러뜨리라고?) 그녀에게 말했다. 한번 만나자고. (혀도 뽑아 버리라고? 김유신도 말의 목을 쳤지, 말 등에 실었던 자기 엉덩이를 도려내진 않았잖아. 뽑거나 부러뜨린다면 휴대폰을 박살 내야겠지만, 휴대폰 비싼 거잖아.) 애인이 있는 상태에서 또 다른 남자와의 동침을 서슴없이 일삼는 그녀와 헤어진 뒤 나는 '한 달도 버티지 못하고 그녀에게 전화를' 건다. 이때 나를 조롱하는 것은 바로 '나' 자신이다. 일반적인 본문과는 달리 괄호 안에 있는 말들은 나를 조롱하듯 딱딱한 글씨체를 사용한다. 그는 스스로에게 손가락을 부러뜨리라고 말한다. 김유신을 핑계 삼은 나는 다시 "휴대폰 비싼 거잖아"라고 말한다. 냉소와 조롱을 통해서 그마저도 물신화된 자본주의 사회에서는 마

---
21) 위의 논문, 50-51쪽 참조.

음껏 실천하지 못한다는 것을 역설적으로 보여 준다.[22]

이것은 소설에서는 냉소와 조롱을 가득 담은 화자의 시선이 영화에서는 연민의 시선으로 전환하였음을 보여 주는 것이다.

"덕훈 씨한테 연락 올 줄 몰랐는데 의외네요."
"왜요? 흐음, 흠, 왜?"
"남자들이 헤어진 여자한테 연락하는 건 뭔가 안 좋은 일이 생겼거나, 새로 만난 여자랑 뭐가 잘 안되거나, 아님, 같이 잘 여자가 필요하거나. 근데 왠지 덕훈 씬 셋 다 아닌 거 같아서요. 아닌가?"
"……"
"……"
"다시 시작하자. 싫어?"
"네."
"나랑 연애하기 싫어?"
"네."
"그럼 결혼하자. 둘 중 하나 골라아."
"덕훈 씨! 둘 중 하나라도 행복하지 못하면 둘 다 행복할 수 없는 게 연애에요. 덕훈 씨랑 난 너무 달라."
"나, 사랑하니? 사랑은 했니?"
"봐, 덕훈 씬 날 못 믿잖아."
"아니야아, 믿어, 믿고 믿을 거야, 그리고, 나, 너 사랑해. 인아야, 내가 변할 게."[23]

---

22) 위의 논문, 51쪽 참조.
23) 정윤수, 위의 영화, 헤어진 뒤 다시 만날 것을 원하는 덕훈과 인아의 대화, 34분~35분. (위의 논문, 51-52쪽 재인용.)

인아와 헤어진 뒤 덕훈은 하루하루를 술로 보낸다. 영화는 술 취한 덕훈의 모습을 보여 주며 "난 참 바보다. 사랑은 떠나갔다. 넌 내 거였는데 이젠 아닌가 보다, 사랑 참 슬프다."라는 노랫말(강승원 - Foolish Blues)을 흘려보낸다. 오프닝을 통해 영화 전반의 분위기를 암시했던 음악이 정서적 변화를 통제하며 덕훈의 연민을 부각시킨다. 이어지는 숏에서 덕훈의 우유부단함은 더욱 더 크게 나타났다. 다시 만나자는 말을 어렵게 꺼내는 덕훈은 말 중간중간에 한숨을 쉬거나 음료수를 홀짝거린다. 혹은 말끝을 흐리며 인아의 눈치를 살핀다. 소심한 덕훈은 그리하여 겨우 용서를 구하고 다시 만날 것을 약속받지만, 이 역시 덕훈의 방식이 아닌 인아의 방식 아래서 이루어진다. 덕훈 씨만 사랑할 수 없을 것 같아 결혼하지 않던 인아가 결혼한 것은 대한민국이 2002년 월드컵에서 4강에 진출한 것만큼이나 놀라운 일이다. 인아는 결혼 뒤에 행복을 알게 되었다며 또 다른 결혼을 선언한다. 이때 덕훈이 하는 행동이라고는 집 안을 어지럽히거나 인터넷이라는 공간 안에서 수많은 여자와 가상의 결혼을 할 뿐이다. 덕훈의 가상 결혼은 오래 가지 않는다. 인아의 임신과 함께 새로운 화합의 자리가 마련되었기 때문이다.[24]

**변형 ③** : 인물 '재경'은 소설 『아내가 결혼했다』에서는 이중적인 인물이지만, 영화 〈아내가 결혼했다〉에서는 자유로움을 꿈꾸는 인물로 변형되었다.

소설에서 재경은 인아를 미리 선점한 덕훈을 인정하면서도 자신이 덕훈처럼 되는 것을 원하지 않는다. 소설은 재경의 이중적인 면을 폭로하고 있다. 영화가 영화화를 시도하면서 원작의 주요한 세 인물의 성격을 변형하는 것은 그것이 갈등과 화합을 축으로 하는 대중화 전략 때문일

---

24) 위의 논문, 52쪽 참조.

것이다.[25]

　영화 〈아내가 결혼했다〉에서 "재경은 인아의 모든 것을 인정하며 그녀를 헌신적으로 사랑한다. 재경은 일정한 소속 없이 자유 계약으로 일하는 프리랜서로 인아처럼 자유로움을 꿈꾸는 사람이다. 재경은 덕훈에게 '형님'이라고 부를 정도로 온순하고 배려 깊은 인물로 보여진다. 인아에게 재경이 '나답게 살게 해 주는 사람'인 것처럼 재경에게 인아 역시 같은 사람이다."[26]

　"저 알고 있었어요. 지원이, 생물학적 아빠가 제가 아니란 거. 죄송해요, 미리 말씀드리지 못해서. 휴유~. 저흰 피임을 했거든요. 인아 씨도 그걸 원했고요. 저도 아기가 뭔지도 몰랐고요. 제가 결혼 전에 결혼도 몰랐잖아요."
　"휴우~ 휴. 자네 인아랑 왜 결혼했나?"
　"그럼 형님은 인아 씨랑 왜 헤어지지 못하셨어요?"[27]

　이처럼 재경은 인아의 두 번째 남편이 아니라 결혼과 제도가 온전한 한 인간에게서 앗아 간 것들을 나타내는 상징적인 캐릭터이다. 인아가 떠나 버린 뒤 재경이 덕훈의 집에 찾아와 고개를 푹 숙이고 "갈 데가 없어서요."[28]라고 뱉어 내는 말이 이를 증명한다.
　재경은 지원이 덕훈의 딸이라는 걸 알면서도 그 어떤 아빠보다 살뜰하게 아이를 보살피는 자상함을 보이기도 한다. 영화에서 재경은 인아의 '다중 결혼'(폴리아모리)을 인정하는 자유로운 남자이다. 소설에서 재경은 이중적인 인물의 한 전형이다.[29]

25) 위의 논문, 54쪽 참조.
26) 위의 논문, 53쪽.
27) 정윤수, 앞의 영화, 재경과 덕훈의 대화, 1시간 50분 40초~1시간 51분 50초. (위의 논문, 53쪽 재인용.)
28) 정윤수, 위의 영화, 1시간 49분 20초. (조헌용, 위의 논문, 53쪽 재인용.)
29) 위의 논문, 53쪽 참조.

### 2.2.3. 주제 의식의 차이점

영화 〈아내가 결혼했다〉의 주제의 핵심은 '사랑'과 '가족'이다. '결혼' 과 '섹슈얼리티'는 껍데기이다. "어떻게 평생 한 사람만 사랑할 수 있어" 라고 반문하는 여자와 "결혼은 연애의 무덤"이라고 믿는 남자가 만나 사랑하여 결혼에 골인하는 순간 비극은 예정되어 있었다. 두 사람의 사랑, 결혼 그리고 가족의 개념이 다르다는 것이 비극의 씨앗이다. 비극은 결국 이 셋 가운데 무엇을 상수로 하고 다른 무엇을 변수로 할 것인가의 방정식의 차이에서 비롯한다. "사랑하구 싶은 사람들을 사랑하면서 살고 싶다."라는 꿈을 가진 인아에게는 사랑이 상수이고, 다른 둘은 그것의 종속 변수이다. 이에 반해 "결혼은 연애의 무덤"이라고 믿는 덕훈에게 상수는 결혼이고, 그것에 종속되어 사랑과 가족이 뒤따라와야 한다. 그에게 결혼은 사랑하는 여인을 독점적으로 소유하기 위한 제도이고, 가족은 아내라는 소유물을 지키기 위한 울타리이다. 사회 통념상으로는 덕훈이 정상이고 인아는 비정상이다.[30]

영화 〈아내가 결혼했다〉의 주제 의식을 이해하기 위해 두드러지는 핵심적 관계인 인아와 덕훈, 인아와 재경, 덕훈과 재경의 관계를 살펴볼 필요가 있을 것이다.

인아는 덕훈과 연애를 하면서도 다른 남자와 하룻밤을 보내기도 하는 자유분방한 여자로 그려진다. 심지어 결혼 후 인아는 사랑하는 사람이 있다는 것을 고백하고 그와 결혼할 것임을 말한다. 그렇다고 덕훈에 대한 애정이 식었거나 그를 소홀히 대하는 것도 아니다. 단지 사랑하는 사람이 덕훈 말고도 또 있다는 것이다. "덕훈 씨를 사랑하지만 덕훈 씨만 사랑하는 것은 아니며, 나는 내가 사랑하는 모든 사람과 함께 사랑하며

---

30) 김기봉, 「우리시대 가족이란 무엇인가」, 『드라마 연구』 Vol.- No.30, 한국드라마학회, 2009, 140-141쪽 참조.

살아가고 싶다."라는 말처럼 인아는 자신이 사랑하는 사람이 남편 이외에 또 다른 사람도 존재할 수 있음을 보여 주고 있다. 영화 〈아내가 결혼했다〉에서 인아는 남편한테 자신이 다른 남자와 새로 결혼을 하겠다고 직접적으로 말한다.[31]

영화 〈아내가 결혼했다〉에서 다른 남자와 결혼을 하면서도 덕훈과 헤어지려는 게 아니라고 말하는 것은 덕훈이 자신을 떠날 수 없듯 인아 자신도 덕훈을 떠날 생각이 없다고 여기기 때문이다. 인아가 유부녀인데도 재경이 그녀와 결혼하고 싶어 하는 이유는 인아가 자신을 원하고 있고, 자신도 인아를 강렬하게 원하고 있기 때문이다. 이렇게 인아가 '결혼'이라는 것에 특별한 의미를 부여하고 싶어 하는 것은, 결혼이라는 것이 사랑하는 사람과 공유할 수 있는 행복을 크게 할 수 있다고 믿었기 때문이다. 다시 말해 결혼이 남녀의 관계를 1:1로 규정한다는 데에 의미 부여를 하기보다는 두 사람의 삶을 공유할 수 있고 양육의 기쁨을 누릴 수 있는 것이 바로 결혼이라는 데에 더 큰 의미를 부여한다. 인아는 그러한 행복을 한 사람에게만 국한하고 싶지 않다는 소망을 강력하게 드러내고 있다. 결과적으로 1:1로 관계를 규정하는 결혼 제도의 규범보다는 다양한 방식의 사랑을 실천하고 싶은 인간의 본성에 더 손을 들어주는 것이다.[32]

특히 결혼 제도가 갖는 규범은 인아와 재경의 사랑을 불륜으로 취급할 수 있다. 영화에서 인아는 그것을 불륜이라고 여기지 않는다. 실제로 영화 자체도 불륜이 아닌 것처럼 그려 내고 있다. 영화 〈아내가 결혼했다〉에서 인아와 재경의 사랑을 불륜이 아닌 것으로 서사 형태를 취할 수 있는 이유는 인아에 의해 결혼 제도에 대한 회의가 드러나기 때문이다. 이러한 회의는 한 여자는 반드시 한 남자만 사랑을 해야 한다(혹은

・・・
31) 김정애, 앞의 논문, 215쪽 참조.
32) 위의 논문, 216쪽 참조.

한 남자는 한 여자만을 사랑해야 한다)는 생각이 우리 인간의 본성과 얼마나 다른 것인가에서 비롯한다.[33]

## 2.3. 영화에서의 다양한 변용

### 2.3.1. 두 텍스트의 서사 구조

소설 『아내가 결혼했다』에서 축구는 하나의 서사 축을 이루고 있다. 백과사전식으로 늘어놓은 지식의 나열과 축구장에서 벌어진 에피소드를 영화가 '보여 주기'[34]에는 한계가 있다. 소설의 체험이 독자의 자유로운 시간 속에서 이루어진다면 영화의 체험은 스크린에 펼쳐지는 제한된 시간 안에서 이루어지기 때문이다. 무엇보다 백과사전식으로 지식을 무작정 늘어놓는 것은 관객에게 지루함을 주는 요소로 작용한다. 영화〈아내가 결혼했다〉에서 축구를 하나의 미장센으로 활용하는 것은 그 때문이다.[35]

소설 『아내가 결혼했다』에서의 덕훈이 "결국 그렇게 하지 못했"던 돌잔치 프로젝트를 영화에서는 실행한다. 소설에서 밝혀지지 않은 지원이의 생물학적 친부가 영화에서는 덕훈임이 밝혀진다. "당신 내 아내고 지원이도 내 아이야."[36]라며 '친생자 확인서'를 들고 덕훈은 지원의 돌잔치에 쳐들어간다. 덕훈의 말은 충분히 비극적이다. 이중 결혼 생활이

---

- - -
33) 위의 논문, 216-217쪽 참조.
34) 현대인들은 '말하기'보다는 '보여 주기'의 방식에 익숙하다. 현대 사회를 '스펙터클의 사회'라고 부르는 배경에는 영화, 드라마 등 시각 매체의 압도적인 우세가 깔려 있다. 김만수, 『문화콘텐츠 유형론』, 글누림, 2006, 46쪽 참조.
35) 조헌용, 앞의 논문, 54쪽.
36) 정윤수, 앞의 영화, 재경과 인아의 돌잔치에 찾아간 덕훈의 말, 1시간 45분. (위의 논문, 55쪽 재인용.)

그대로 드러나고 인아는 떠난다. 영화 〈아내가 결혼했다〉는 결말을 향한다. 충분히 비극적일 것 같은 영화의 결말은 예상 밖으로 화합의 무대를 보여 준다.37) 반전이다.

영화에서 덕훈과 재경은 인아를 사이에 두고 갈등 관계였지만, 결말에서는 축구라는 매개를 통해 서로 소통하고 화합해 나간다. 두 사람이 함께 인아를 만나러 떠난다. 이들은 인아와 만나 한 가족의 구성원으로 화합한다.

"한국 축구의 문제는요, 축구를 즐기지 못한다는 거예요. 모두가 하나가 되서 골을 향해 달려가는 그 집단적 황홀감 같은 거요. 적이 꼭 적인가? 다 같이 골을 향해 달려가는 거죠?"38)

이처럼 파편화된 현대 사회의 모순 속에서 결혼과 사랑이라는 영원한 딜레마를 영화는 축구라는 화합을 통해 비껴간다. 영화의 엔딩에서 다소 길게 덕훈과 인아, 재경이 함께 행복한 모습으로 스페인의 이곳저곳을 누비는 것이 이를 증명한다. 갈등의 한 축으로 작용했던 딸아이도 결말에서 만큼은 누구누구의 아이가 아니라 두 남자의 아이이다. 번갈아 가며 두 사람은 지원을 안고 목마를 태운다. 심지어 두 남자는 지원의 양손을 각각 잡고 아이를 들어올린다. 소설이 냉소라는 담론을 선택했다면 영화는 화합이라는 담론을 선택한다. 영화는 원작이 가지고 있는 냉소와 조롱을 버리고 화합이라는 주제를 선택하며 사랑과 성에 관한 판타지로써 한 전형을 선보였다.39) 이것이 소설에서 영화화할 때 각색의 묘미이기도 하다.

---

37) 위의 논문, 55쪽 참조.
38) 정윤수, 앞의 영화, 재경이 덕훈과의 술자리에서 하는 말, 1시간 50분 00초~1시간 50분20초. (위의 논문, 55쪽 재인용.)
39) 위의 논문, 55-56쪽 참조.

박현욱의 소설은 영상 매체의 주요 특징인 '피상성(depthlessness)'을 그 밑바닥에 깔고 있다. 소설 『아내가 결혼했다』는 언어를 통해서 인물 내면의 심리를 드러내지 않는다. 언어는 더 이상 사유의 매개체가 아니다. 박현욱은 그곳에서 한발 더 나아가 백과사전식 지식으로 혹은 인터넷의 정보를 활용하여 파편화된 세계를 인식하고 갈등을 구체화해 나간다. 역동적이고 짜릿한 축구의 한 장면을 보는 것처럼 소설에 흥미를 가지고 읽어 나가던 독자들은 그리하여 아주 자연스럽게 몸과 마음의 사랑이 가지고 있는 차이점에 대해서 생각한다.[40]

영화 〈아내가 결혼했다〉에서는 일부일처제 결혼 문화를 지켜 온 우리 사회에서 이런 개방적인 캐릭터를 어떻게 영화화하고 변용하였을까?

우선, 주인아는 가족 관계에서 독립적이다. 영화에서 그녀의 가족들은 전혀 보이지 않는다. 그녀는 싱글이다. 심지어 그녀의 결혼식에도 가족들은 나타나지 않는다. 그녀 아이의 돌잔치에서도 시댁 사람들만이 참여하였다. 그녀가 고아인지 아닌지를 떠나서 영화가 그녀의 가족들을 배제시킴으로써 그녀를 하나의 독립된 개인으로 다루는 데 중점을 두고 있음을 알 수 있다. 영화 〈아내가 결혼했다〉 속의 주인아가 보다 자유롭고 느슨한 가족 안에 속해 있음을 짐작할 수 있다. 영화는 여성이 근대 가족의 가부장 아버지의 지배에서 벗어나 개인 공간과 자율성을 가진 동시에 한국 사회에서의 부모 자식 관계가 보다 부드러워졌음을 증명해 주었다.[41]

둘째, 주인아가 부모의 지배에서 벗어나 있을 뿐만 아니라 남자와의 관계에서도 보다 우세한 위치를 점하고 있다. 남자 친구를 집에 두고 공공연히 다른 남자의 집에서 밤을 보내는 여자가 또 어디에 있겠는가. 그

⋯

40) 위의 논문, 44쪽 참조.
41) 이충민, 앞의 논문, 58-59쪽 참조.

녀는 실천으로 여성은 남성의 소유물이 아니라는 것을 세상 사람들에게 똑똑히 보여 주고 있다. 그녀는 한 남자만 보고 살 수 없다고 다른 남자와의 결혼을 허락해 달라며 남자 친구 노덕훈 앞에서 끝까지 자신의 선택을 견지한다. 나중에 성공적인 결과를 거둔다. 두 남자와 동시에 결합한 두 가정도 그녀가 원하는 대로 독립적으로 이루어진다. 이처럼 파격적인 삼각관계의 형성은 주인아의 자아실현 방식 중 하나이다. 이런 식의 자아실현은 여성이든 남성이든 개인의 매력만으로 현실화시키기는 어려운 과제이다. 유감스러운 것은 영화가 이에 대해 우리에게 설득력 있는 답을 제시해 주지 못하고 모순에 빠져 있다는 점이다.[42]

셋째, 그녀는 경제적으로 독립적이다. 그녀가 고등 교육을 받은 사람으로서 디자인 회사에 다니는 전문직 여성이다. 자기가 번 돈으로 잘 먹고 잘 산다. 관심이 있는 남자가 생기면 커피 한잔하자고 한국 영화에서 재현된 여성의 개인화와 가족 형태의 변화를 던진다. 밖에서 재미를 보고 놀다가 밤늦게 집에 들어오기 일쑤다. 여기서 중요한 것은 남자와의 관계에서는 경제적인 요소가 배제되고 있다는 것이다. 상대 남자보다도 수입이 더 많은 그녀는 남자에게 손을 벌리는 일이 없고 그로 인해 억압도 당하지 않는다. 경제적으로 자유로운 그녀는 남의 간섭을 받지 않고 개인적인 생활을 유지하는 데 가장 강력한 무기를 가지고 있는 셈이다. 개인이 가족, 또한 타인으로부터 정신적 독립을 할 수 있는 전제 조건은 경제권을 가지는 것이다. 주인아가 선택한 이런 자유분방한 개인의 라이프 스타일(life style)에 대해서는 누구도 나무랄 이유가 없다.[43]

영화 〈아내가 결혼했다〉는 가족의 실체를 해체하지만, 이중의 부부 생활을 하고 두 명의 남편에 의한 협업으로 아이를 양육함으로써 가족

---

42) 위의 논문, 59쪽 참조.
43) 위의 논문, 59-60쪽 참조.

의 기능을 오히려 강화시킨다. 가족의 첫 번째 기능은 자식의 생산과 교육이다. 아이의 탄생이 진정한 의미에서 가족의 탄생이다. 인아가 임신했다고 말하자 남편인 덕훈은 자기 아이가 분명한지부터 캐묻는다. 이에 대해 인아는 "그게 뭐가 중요해. 이건 우리 아이야!"라고 대답한다. 어머니는 확실한데, 아버지가 불확실한 것은 모계 사회에서 가능한 일이다. 이 대답에는 가족의 역사를 바꾸는 두 가지 의미를 내포한다. 첫째는 가족이 부계 중심에서 모계 중심으로 바뀌는 역사적 전환을 한다는 것이다. 친아버지가 누구인지 알지 못하는 원시 시대는 여성이 씨족 내에서 지배권을 행사하는 모권 사회였다. 공동체의 사유 재산이 증대할수록 가족 내 남편의 지위가 높아짐으로써 마침내 모권의 전복이 일어났다. 이것을 엥겔스는 '여성의 세계사적 패배'라고 지칭했다. 이 이후로부터 남성은 가족 내에서 지배권을 장악하고 여성은 노예로 전락했다. 이것이 가부장제의 시작이고, 가부장 가족의 기원이다. 영화 〈아내가 결혼했다〉는 이 같은 가부장 가족의 종말을 통한 모계 사회로의 회귀를 의미한다. 둘째는 인아가 생각하는 가족은 핏줄 공동체가 아니라 사랑 공동체로서의 加族이다. 이 같은 加族을 상징적으로 보여 주는 장면이 임신을 축하하는 케이크에 꽂인 4개의 촛불이다. 인아가 꿈꾸는 가족은 또 다른 남편까지를 포함한 4명의 加族에 의한 기쁨 공동체로서 嘉族이다. 加族과 嘉族이란 '대안 家族'이 아니라 '家族에 대한 대안 개념'이다. 영화는 축구를 예로 들어 모계 사회에서 아내는 감독이고 남편은 선수들이라고 비유한다. 감독은 투톱 시스템으로 두 선수를 기용할 수 있듯이 두 남편을 활용할 수 있다는 것이다. 이에 따라 "남자는 배, 여자는 항구"라는 가부장 사회의 논리가 모계 사회에서는 "여자는 항공모함, 남자는 그 위에 있는 비행기다."로 바뀐다 [44]

44) 김기봉, 앞의 논문, 144-145쪽 참조.

## 2.3.2. 영화 미장센(장면화) 과정에서의 차이점

　영화 〈아내가 결혼했다〉의 미장센은 뛰어난 편이다. 축구를 미장센으로 활용하면서 소설 속 화자가 품고 있는 냉소와 조롱의 효과를 가져오기도 한다. 덕훈이 인아의 목을 조르는 영상 속으로 축구 경기를 방영하는 TV가 스쳐 지나간다. 소설『아내가 결혼했다』의 모두(冒頭)에서 다소 고백적이면서도 다분히 냉소적으로 표현했던 "내 인생은 엉망이 되었다"라는 문장은 영화 〈아내가 결혼했다〉를 통해 인아의 목을 조르는 폭력적인 장면으로 옮아간다. 아내가 다른 남자와 결혼한다고 했을 때 분노하지 않았던 독자들과는 달리 영화에서의 관객은 더욱 깊은 갈등을 경험할 것이다. 갈등이 클수록 화해의 폭도 넓어진다. 제도로서의 결혼, 예컨대 일부일처제의 신화는 아내에 의해서 깨진다. 이혼이나 불륜이 아니라 나와의 결혼 생활을 그대로 유지한 채 다른 남자와 다시 결혼하겠다는 아내의 선언은 그야말로 충격적이다. 원작에서 여는 글로 쓰였던 모두(冒頭)의 문장이 덕훈의 한숨과 함께 내레이션으로 처리하여 영화 중반부에야 나오게 장치한 것도 이런 갈등의 한 축이라고 해석할 수 있다.[45]

　활기찬 오프닝 음악 사이로 바쁜 도시인의 일상을 보여 주며 덕훈이 등장한다. 뛰고 달리고 그렇게 간신히 지하철에 오르려는 순간 야속하게도 지하철 문이 닫히고 만다. 이때 구세주처럼 예쁜 구두 하나가 지하철 문 사이에 놓인다. 필요한 것은 자신의 의지에 맞는 방식으로 사랑을 쟁취하며 자본화된 도시를 살아나가는 적극성이다. 소설의 영화화를 시도하면서 정윤수 감독이 가장 많이 신경을 쓴 부분이 바로 인물의 성격이라는 것을 알 수 있게 해 주는 열쇠 역할을 한다. 크로즈업한 구두가

----
45) 조현용, 앞의 논문, 54-55쪽 참조.

이를 말해 준다.[46)]

소설 『아내가 결혼했다』에서는 세밀하게 묘사했다 하더라도 시각적 실감은 제약을 받기 마련이다. 영화 〈아내가 결혼했다〉에서는 구두를 클로즈업하듯 이러한 기법을 통해 주관적 서술을 비주얼로 전환하기도 한다.

### 2.3.3. 영화 구체화 과정에서의 차이점

영화 〈아내가 결혼했다〉는 "새로운 여성이란 구체적 실존을 창조했다는 것에서 진일보한 작품이라고 할 수는 있다. 영화는 구두라는 소도구를 사용하여 주인아의 적극성을 부각함과 동시에 소설과는 다른 방식으로 두 남자를 화해시키는 여성상을 통해 여성이란 구체적 실존을 만들어 냈다"[47)] 이처럼 영화화하면서 구체화한 인물과 사건을 살펴보고자 한다.

소설 『아내가 결혼했다』에서는 "주인아처럼 외모가 아름다우며, 직장에서 능력이 뛰어나고, 집에서 시부모님의 말을 잘 들을 뿐만 아니라 집안일이며 육아까지 잘하는 여성은 현실에서 얼마나 있을까? 이런 여성이 존재한다면 그녀가 충분히 두 남성과 결혼할 능력과 자격을 지닐 것이다. 어느 사회이든 현실에는 이런 여성이 드물 것이다. 이런 캐릭터는 영상에서 만들어 낸 판타지에 불과하다. 즉, 영화감독이 한국 사회에서의 가부장제적 결혼 제도라든가 남녀에게 불평등하게 적용해 온 이중적인 성 규범 등의 문제에 대해 애초부터 관심을 보이지 않는다는 것이다. 영화 〈아내가 결혼했다〉에서는 단지 색다른 방식으로 여성의 외도를 시도하고, 남성의 판타지적인 여성 이미지를 만들어 냄으로써 관객의 호기심을 자극한다. 또한, 주인아가 성립시킨 '일처다부

⋯
46) 위의 논문, 49-50쪽 참조.
47) 위의 논문, 56쪽.

제'식의 가족은 역사상의 '일부다처제'식의 가족과 다름이 없다고 반발할 수도 있다. 가족 제도에 있어 양자가 남녀 역할이 바뀌었을 뿐 제도의 발전이나 진화라고 할 수 없기 때문이다. 이것은 영화 〈아내가 결혼했다〉가 가지고 있는 문제의식의 한계라 말할 수 있다. 영화의 결말은 주인아가 그녀의 '진보적인 가족 성원'들과 함께 한국을 떠난다. 이는 영화가 제시해 준 '일처다부제'가 한국에서 실현이 불가능함을 암시한다. 다소 과장된 설정이지만 영화로나마 한국 사회에서 개인화의 확대에 따른 가족 형태의 변화, 또한 새로운 가족 구조에서 여성의 위치와 역할을 재조명하고 있다.[48] 이처럼 영화는 소설과 달리 구체화해 나가고 있음을 알 수 있다.

영화 〈아내가 결혼했다〉에서는 덕훈도 인아처럼 다른 여자를 만나는 시도를 하지 않는 것은 아니다. 인아에 대한 집착을 내려놓기 위한 시도처럼 보일 수도 있다. 인아가 재경을 사랑하는 것처럼 덕훈이 소영을 사랑하지는 못한다. 인아에게 복수하고픈 마음의 연장일 뿐이다. 곧 인아를 독점하지 못하는 것에 대한 불만과 질투의 또 다른 표현이라 할 수 있다. 게다가 인아가 임신을 하였을 때 덕훈은 끊임없이 누구의 아이를 임신한 것인지 캐묻고 알아내려 안간힘을 쓴다. 그러다가 인아와 재경이 다정하게 찍은 사진이 잡지책에 실려 있는 것을 보고 덕훈은 분노한다. 그 분노는 결국에는 재경의 가족들과 치르는 딸의 돌잔치에서 폭발한다. 재경의 온 식구들이 보는 앞에서 딸의 유전자 검사 결과를 보이며 인아가 자신의 아내이고 인아의 딸도 자신의 딸임을 공언하고 마는 것이다. 결국, 인아에 대한 덕훈의 집착과 독점욕이 고스란히 아이에게까지 옮겨진다. 덕훈 자신이 소유한 것을 결코 재경에게 양보하거나 공유할 수 없다는 생각을 견지한다. 나아가 덕훈의 시선은 덕훈 개인의 차원

---

48) 이충민, 앞의 논문, 61-62쪽 참조.

으로만 존재하지 않는다. 덕훈의 서사는 사회적 규범과 짝이 되어 인아의 행동 방식을 제한하고 강제한다. 예컨대 인아는 덕훈의 청혼을 선뜻 받아들이지 못한다. 결혼 후에도 재경의 존재를 덕훈에게 밝힐 때 주저하고 고민한다. 인아 역시 결혼이라는 제도 자체가 두 사람 이외의 다른 존재를 개입시켜서는 안 된다는 배타적인 논리가 내재되어 있음을 인아 역시 알고 있다는 것을 관객에게 구체적으로 말하고 있는 것이다.[49]

이처럼 소설보다 영화는 인물과 사건을 더 구체적으로 설정하여 현실성을 강화해 나가고 있음을 알 수 있었다.

## 2.4. 닫으며

앞에서 소설 『아내가 결혼했다』와 영화 〈아내가 결혼했다〉를 비교 분석하면서 차이점을 통해 주제 의식을 살펴보았다. 더 구체적으로 말하면, 두 텍스트에 내포한 인물과 사건, '사랑', '가족', '결혼', '섹슈얼리티' 등의 주제 의식을 중심으로 어떻게 변용했는지 그 차이점을 살펴보았다.

영화 〈아내가 결혼했다〉에서는 소설 『아내가 결혼했다』의 주요한 인물과 배경, 사건들을 수용하면서도 원작과 다른 주제 의식이 두드러지게 드러난다. 영화 〈아내가 결혼했다〉는 원작에 나타나는 주요한 사건들을 통사적으로 재배열하고 인물과 사건을 변형함으로써 새로운 의미를 창조하였음을 살펴보았다.

'일부일처제'를 고수하고자 하는 한국 사회에서는, 이 소설과 영화에서 다룬 '일처다부제'는 향후 한 세기가 더 지나더라도 실현하기가 어려울 것이라 장담한다면 무리일까?

---

49) 김정애, 앞의 논문, 218쪽 참조.

영화 〈아내가 결혼했다〉를 통해 허구이긴 하지만, 한국 사회에서 여성의 개인주의 사고가 어느 수준까지 도달했는지 알 수 있다. 여성의 개인주의가 시대적 추세임도 알 수 있다. 가부장적 이데올로기로 사로잡혀 있는 한국 사회에서 여성의 역할이 확대되고 있는 것은 사실이지만, 여성이 주도하는 새로운 가족 형태는 오랫동안 탄생하기 어렵다고 장담해 본다.

이 영화는 우리 사회의 억압된 여성의 성을 해방하고자 하는 몸부림을 보여 주었다는 측면과 젊은 남녀의 사랑과 현실의 삶을 생생하게 재현해 나가면서 새로운 여성을 창조해냈다는 것에 의의가 있다. 그동안 이어져 온 전통적인 멜로 영화의 틀을 약간 벗어나 차별화를 이루어 냈다고 평가해 본다.

제4장

# 고소설과 영화 상상력 이해

1. 고소설 『심청전』의 현대적 변용
    - 영화 〈마담 뺑덕〉의 실명과 광명 모티프를 중심으로
2. 영화 〈전우치〉의 캐릭터 원형 분석
    - 크리스토퍼 보글러의 영웅 이야기의 원형 분석틀에 의거하여
3. 영화 〈춘향뎐〉과 〈방자전〉의 현대적 변용
4. 영화 〈장화, 홍련〉의 한국적 공포 스토리텔링
    - 〈아랑각 전설〉과 고소설 『장화홍련전』의 현대적 변용

# 1.
# 고소설 『심청전』의 현대적 변용

– 영화 〈마담 뺑덕〉의 실명(失明)과 광명(光明) 모티프를 중심으로

## 1.1. 펼치며

정우성과 이솜이 주연으로 출현한 영화 〈마담 뺑덕〉[1]은 고소설 『심청전』을 '현대적으로 변용한 치정 멜로'[2]이다. 이 영화는 시나리오와 소설 창작이 동시에 이루어졌다. 즉, 영화 시나리오 작업과 소설 창작 작업을 동시에 진행했다. 이는 백가흠의 장편 소설 『마담 뺑덕』의 '작가의 말'에서 "영화와 소설 작업을 함께해 보자는 제의를 받고 망설였다. 온전히 내 것이 될 수 없을지도 모른다는 불안이 고민하게 만들었다. 여전히 확신은 들지 않지만 믿어 보기로 했다. 『심청전』이라는 모티프를 공유하고 나는 내 소설을 썼다."[3]라고 밝힌 대목에서 명확히 알 수 있다.

영화와 소설은 금지된 사랑, 유혹, 욕망, 집착, 복수 등의 플롯 유형이다. 특히 영화는 이러한 플롯 유형을 스크린에 채웠다. 고소설 『심청

---

1) 감독 임필성, 2014.10.2. 개봉하여 관객 수 47만여 명에 그쳐 흥행에는 실패했다. 분량은 111분, 청소년 관람 불가 영화이다.
2) 고소설을 현대식으로 헌봉안 치성 벨로 영화가 또 있다. 영화 〈방자전〉(2010)이다. 〈방자전〉은 고소설 『춘향전』을 현대적으로 재해석하여 욕망의 플롯으로 이야기를 이끌어 나갔다. 중심인물 춘향과 이몽룡, 주변 인물 방자와 향단, 변학도는 욕망을 좇는 캐릭터로 변용했다.
3) 백가흠, 『마담뺑덕』, 네오북스, 2014, 343쪽.

전』은 심청과 심학규가 중심인물인 반면, 영화 〈마담 뺑덕〉은 뺑덕과 심학규가 중심인물이다. 심학규는 금지된 사랑과 욕망에 휘말리고, 뺑덕도 금지된 사랑으로 인해 집착과 복수의 늪에 빠져든다. 심청은 뺑덕에 대한 복수의 수렁에 깊이 빠진다.

고소설 『심청전』의 주요 메시지는 효이다. 즉, 효 테마 소설이다. 영화 〈마담 뺑덕〉에서 효의 메시지는 증발해 버렸다. 뺑덕을 집착과 복수에 눈을 뜬 캐릭터로, 심학규를 욕망에 눈이 먼 냉소적인 캐릭터로, 심청을 아빠의 빚 청산과 눈 수술비 때문에 팔려 가지만, 결국 아빠의 눈을 뜨게 해 주는 캐릭터로 그리고 있다.

[오륙도신문]에 '고전을 읽으면 미래가 보인다'라는 글을 발표한 적이 있다. 그 내용을 토대로 삼아, 심청 테마를 현대적으로 변용한 영화 〈마담 뺑덕〉에 나타난 실명과 광명 모티프를 중심으로 살펴보고자 한다. 부가적으로 고소설 『심청전』과 영화 〈마담 뺑덕〉의 차이점과 공통점, 주요 캐릭터를 살펴보고자 한다. 특히 세 캐릭터(뺑덕, 심학규, 심청)의 삼각 구도가 뫼비우스의 띠처럼 가해자가 피해자이고, 피해자가 가해자로 혼재해 있다는 점에도 주목해 본다.

## 1.2. 실명과 광명 모티프 이해[4]

미래를 향한 새로운 문화 창조의 답이 고전에 있다. 이렇게 주장한다면 무리일까? 고소설을 변형한 영화 제작이 풍부해지고 있다. 고소설 『춘향전』이 영화 〈춘향전〉과 〈방자전〉, 〈아랑각 전설〉과 고소설 『장화홍련전』이 영화 〈장화, 홍련〉, 고소설 『전우치전』이 영화 〈전우치〉 등으

---

4) [오륙도신문]에 '고전을 읽으면 미래가 보인다'라는 제목으로 발표한 글(2014. 10. 2.)의 일부이다.

로 재탄생했다. 이것은 고전이 원 소스(원천 소재)로서의 역할을 톡톡히 해내고 있음의 증거이기도 하다. 고전 작품을 원천으로 삼아 여러 가지 콘텐츠로 재생산하는 것을 '원 소스 멀티 유즈(OSMU: One Source Multi Use)'라고 한다. 그 대표적 예가 고소설『심청전』이다. 실명과 광명 모티프 덕을 톡톡히 보고 있다.

깊은 사고를 하는 우리 인간은 실명이라는 말만 들어도 무의식적으로 온몸에 소름이 돋는다. 세계적으로 실명 모티프가 나타난 작품은 수없이 많다. 우리나라 작품에서 대표적인 작품만을 언급해 보면, 고소설『심청전』, 이청준의 소설「서편제」, 임권택 감독의 영화〈서편제〉를 들 수 있다. 이들은 우리 전통적인 한의 표상임과 동시에 비극적 한의 구조를 이루고 있다.

영화〈서편제〉는 이청준의 소설「서편제」와「소리의 빛」을 변용하여 영화화하였다. 원작을 수정·변형·삭제·추가하여 예술성의 완성도를 높이려고 애쓴 작품이다. 영화는 원작과 많은 차이점이 있다. ① 소설에서 송화가 동호의 여동생이지만, 영화에서는 누나로 등장한다. ② 소설에서 송화는 처녀로 암시하고 있지만, 영화에서는 딸까지 둔 유부녀이다. ③ 소설에서 송화의 눈을 멀게 하는 장면은 아버지가 잠자고 있는 딸의 눈에 청산가리를 찍지만, 영화에서는 한약을 먹인다. ④ 소설에서 오누이가 만나지 못하지만, 영화에서는 만난다는 차이점을 보여 주고 있다. 원작과 영화의 공통점은 '소리(청각)'의 완성도를 높이기 위해 '시각'을 죽이고야 마는 비극적인 한의 구조이다. 영화에서 송화의〈심청가〉소리는 우리 전통적 한의 표출이자 한의 삭임으로 승화한다.

고소설『심청전』은 우리식 실명 모티프의 표상이다. 현재까지 고소설 중에서 유일한 실명 모티프이다. 달리 보면, 초극의 광명 모티프이기도 하다. 지금도 변함없이 감동을 자아내고, 폭넓은 사랑을 받고 있다. 그뿐만 아니라 이를 변형한 소설은 물론이고, 재생산하거나 패러디한 예술 작품(영화, 연극, 뮤지컬, 만화 등)이 헤아릴 수 없을 만큼 많이 탄생하였다. 그야말로 '원소스 멀티 유즈'이다.

고소설『심청전』의 비합리적 내용을 삭제하고 새롭게 합리적 내용으로 변형한 작가 미상의『몽금도전』(1916)이라는 딱지본이 있다. 고소설과 차이점은, ① 심청이 용궁에 다녀온 부분을 현실이 아닌 꿈으로, ② 심 봉사가 눈을 뜨고 광명을 찾는 부분을 영원히 눈을 뜨지 못하는 것으로 변형하였다. 또한, 고소설『심청전』을 변형한 작품 중『오이디푸스 왕』의 비극적 구조처럼 스스로 눈을 찔러 실명하는 모티프로 변형한 채만식의『심봉사』(1936)라는 희곡이 있다. 고소설과 차이점은, ① 심청이 물에 빠져 영원히 살아오지 못하는 것으로, ② 심 봉사가 눈을 뜨지만, 딸을 죽음에 이르게 한 죄책감에 스스로 눈을 찔러 영원히 실명하는 것으로 변형하였다. 이것도 비극적인 한의 구조이다. 이처럼 고소설『심청전』이 그리스의『오이디푸스 왕』의 실명 모티프 못지않게 풍부한 상상력과 끈질긴 생명력으로 재생산을 거듭해 왔다. 앞으로도 실명과 광명 모티프의 표상인『심청전』에 근원을 둔 예술 작품이 꾸준히 재탄생할 것이다. 몇 세기 동안 문화 콘텐츠의 원 소스로서 꾸준히 생명력을 이어 나갈 것이라고 장담도 해 본다. 이는 우리의 정신세계와 물질세계를 풍요롭게 하고도 남음이 있을 것이다. 결국, 미래의 답은 고전에 있다. 고전을 읽으면 미래가 보인다.

## 1.3. 영화〈마담 뺑덕〉의 서사 구조와 캐릭터 분석

### 1.3.1. 고소설『심청전』과 영화〈마담 뺑덕〉의 공통점과 차이점

고소설『심청전』은 효를 테마로 한 소설이다. 심청은 눈먼 아버지의 눈을 뜨게 하려고 팔려 간다. 인당수에 몸을 던지는 딸 청이의 희생을 그리고 있다. 효의 미덕을 중시하는 유교 이데올로기가 주요 메시지이다. 실명과 광명 모티프 소설이다. 반면에 영화 〈마담 뺑덕〉은 욕망 테마에 초점을 맞춰 현대적으로 변용했다. 심학규의 실명과 광명, 뺑덕의 실명을 모티프로 삼았다. 뺑덕과 학규를 이야기의 중심에 놓고, 금지된 사랑, 유혹, 욕망, 집착, 복수 등의 플롯 유형으로 이야기를 이끌어 나가는 서사 구조이다.

① **공통점** : 고소설의 등장인물 심학규, 심청, 뺑덕의 이름을 그대로 차용하여 현대적 인물로 변용한 점, 실명과 광명 모티프를 그대로 차용한 점, 심청이 심학규의 삶 때문에 팔려 가지만 살아서 돌아온다는 점, 즉 인신매매가 이루어진다는 점 등이 공통점이다.

② **차이점** : 고소설에서 심청의 '신분 상승'이 영화에서는 '부(富)의 상승'으로 그려 냈다. 고소설에서 심학규의 '광명'은 화들짝 놀라 눈을 뜨는 자연 치유에 가깝지만, 영화에서는 안구 이식에 의한 '광명'으로 그려 냈다. 고소설에서 뺑덕은 '돈 욕심'에 학규에게 접근하지만, 영화에서는 비록 '금지된 사랑'이기는 하나 순수한 사랑 때문에 접근한다. 고소설에서 결말은 해피 엔딩 상승 구조이지만, 영화에서는 뺑덕이 눈이 머는 하강 구조이다.

고소설과 달리 영화에서 뺑덕은 윤세정이라는 가명으로 변신하기도 한다. 청이는 부모에게 반항하고 불효를 저지르지만, 뺑덕은 벙어리 어머니에게 효녀 노릇을 다한다. 청이의 엄마는 우울증 환자로서 자살한다. 심청의 엄마와 뺑덕의 엄마는 새로 창조한 인물이다.

## 1.3.2. 영화 〈마담 뺑덕〉의 캐릭터 분석

크리스토퍼 보글러는 『신화, 영웅 그리고 시나리오 쓰기』에서 '영웅의 여행 모형'5)을 12단계로 구분하여 제시하였다. 또한, '영웅 이야기의 가장 보편적이고 유용한 원형'6)을 7가지로 구분하여 제시하였다. 이 글에서는 보글러의 용어를 참고하되 영화 〈마담 뺑덕〉의 세 캐릭터(뺑덕, 심학규, 심청)를 중심으로 분석해 보고자 한다. 영화 〈마담 뺑덕〉에서의 캐릭터는 앞의 공통점과 차이점에서 살펴본 바와 같이 고소설 『심청전』의 캐릭터와 일치하기도 하지만, 차이점도 많다.

크리스토퍼 보글러는 캐릭터의 원형이 고착된 것이 아니라 유연한 기능을 가졌다고 본다. 하나의 캐릭터가 하나 이상의 원형의 특질을 구현한다는 것이다. 가령 '전령관'의 기능을 수행하는 캐릭터가 익살꾼, 정신적 스승, 그림자 등의 기능을 하기 위해 가면을 바꿔 쓸 수도 있다고 강조한다.7) 영화 〈마담 뺑덕〉에서도 캐릭터 원형의 유연성을 접할 수 있다.

① **뺑덕(덕이)** : 여주인공 덕이는 윤세정이라는 이름으로 표독하게 변모/변신한다. '변신자재자'이기도 하다. 덕이는 소도시의 순진한 처녀로서 사랑에 빠져들고, 그 사랑으로부터 버림받는 피해자이다. 학규에게 집착하고 복수를 꾀하는 악녀로 변해 간다. 덕이는 자신을 배신한 학

---

5) ① 일상 세계, ② 모험에의 소명, ③ 소명의 거부, ④ 정신적 스승과의 만남, ⑤ 첫 관문의 통과, ⑥ 시험, 협력자, 적대자, ⑦ 동굴 가장 깊은 곳으로 접근, ⑧ 시련, ⑨ 보상(검을 손에 쥠), ⑩ 귀환의 길, ⑪ 부활, ⑫ 영약을 가지고 귀환. 크리스토퍼 보글러, 함춘성 옮김, 『신화, 영웅 그리고 시나리오 쓰기』, 비즈앤비즈, 2013, 52-71쪽 참조.
6) ① 영웅(Hero), ② 정신적 스승(賢老, Mentor), ③ 관문수호자(Threshold Guardian), ④ 전령관(Herald), ⑤ 변신자재자(Shapeshifter), ⑥ 그림자(Shadow), ⑦ 장난꾸러기(익살꾼, Trickster). 위의 책, 77-128쪽 참조.
7) 위의 책, 73-74쪽 참조.

규를 향해 복수를 감행하는 가해자이다. 신선하고 입체적인 여성 캐릭터 덕이는 학규에게 저항할 수 없을 만큼 한눈에 끌려 첫사랑의 감정을 느낀다. 그 사랑에 마음과 몸을 다 받치고 만다. 금지된 사랑의 욕망에 눈뜬 것이다. 그러다 학규에게 배신당한다. 순진했던 처녀 덕이는 점차 표독한 악녀로 변해 간다. 유혹(팜므 파탈)[8] 캐릭터이기도 하다. 학규에게 먼저 키스를 감행한다. 유부남 학규와 비록 불륜이기는 하나, 순수한 사랑이라고 여긴다. 학규에게 버림받은 후, 사랑에 쏟았던 정열을 복수에 쏟는다. 복수의 칼날을 치밀하게 준비하고 실천에 옮긴다. 순진한 처녀 캐릭터에서 표독한 악녀 캐릭터로 변모/변신해 간다. 결국, 복수의 칼날이 청이로 인해 부메랑으로 돌아와 실명한다.

② **심학규(학규)** : 학규는 화자이다. 과거를 독백한다. 덕이를 악하게 변신하도록 만든 가해자이다. 덕이에게 복수를 당하는 피해자이기도 하다. 소설가이면서 교수인 학규는 처음에는 눈이 멀쩡하다. 욕망에 눈먼 대가로 서서히 실명의 길로 나아간다. 제자를 '성추행'했다는 의혹 때문에 지방 소도시 평생교육원에 소설 창작 강사로 내려간다. 그곳 놀이공원 매표소에서 근무하는 순진한 덕이와 만난다. 학규는 덕이와 금지된 육체적 사랑을 나눈다. 유혹(옴므 파탈)[9] 캐릭터이기도 하다. 친구의 도움으로 '성추행' 오해가 풀려 대학에 다시 복직한다. 덕이에게 상처만 남긴 채 아내와 딸 청이가 있는 서울로 간다. 세월이 지나자 학규는 베스트셀러 작가로 성공하지만, 방탕한 생활 탓에 점차 눈이 멀어 간다. 학규는 성행위에 집착하고, 도박에 빠지고, 술에 의탁하고, 재산에 가압류가 들어와 자포자기하기도 한다. 도박장에서 사소한 기회를 잡자

---

8) 팜므 파탈(프랑스어: femme fatale): 팜므(femme)는 '여성'을 의미하고, 파탈(fatale)은 '파멸로 이끄는', '불길한' '치명적인'이라는 의미이다.
9) 옴므 파탈(프랑스어: homme fatale): 옴므(homme)는 '남성'을 의미한다.

그동안 잃은 돈을 만회해 보려는 욕망을 드러낸다. 학규는 딸 청이가 강제로 덕이에게서 빼앗은 눈을 이식받음으로써 광명을 찾는다. 마지막 벤치에 앉아 있는 장면에서 광명을 되찾은 학규가 실명한 덕이에게 "사랑해."라고 말함으로써 욕망, 집착, 복수 등이 사랑으로 승화하는 듯하다. 이 장면은 학규가 지극히 이기적인 캐릭터임을 대변하기도 한다.

③ **심청(청이)** : 어린 청이는 엄마가 아빠 학규를 시기하고 질투할 때, 아빠 편을 든다. 청이는 밖으로만 싸돌아다닌다. 학규는 '잠시 기댈 수 있는 엄마 같은 누군가가 절실해 보였다.'라며 독백한다. 청이는 생일날 아빠와 세정의 친밀도를 감지한다. 학규와 세정이 도곡동 카지노에 간 사이 청이는 아빠의 서랍에서 '덕이의 초상화'[10]를 발견한다. 청이는 세정에게 "언니가 엄마가 되는 것은 싫어. 언니, 우리 아빠와 결혼할 거야?"라고 묻자, 덕이는 "아니."라고 대답한다. 청이는 아빠 학규와 사이가 좋지 않다. 하지만 아빠 학규의 눈을 멀게 한 덕이에 대항하여 아빠를 지키는 '관문수호자'이기도 하다. 덕이에게 복수를 실행하는 가해자이기도 하다. 덕이의 눈을 강제로 빼앗아 아빠 학규에게 안구를 이식하는 지극히 삐뚤어진 효를 행하는 캐릭터이다. 칼 융이 주장한 '엘렉트라 콤플렉스'에 대입 가능한 캐릭터이기도 하다.

---

10) 영화 초반부 학규와 뺑덕의 불륜이 싹틀 무렵 둘이서 공원에 놀러 간다. 이때 거리의 화가가 그린 덕이의 초상화이다. 학규가 서울로 올라올 때 가방에 넣어 왔다. 이 초상화는 윤세정으로 변모한 뺑덕의 실체와 학규와 뺑덕의 관계를 밝히는 연결 고리 역할을 한다.

## 1.4. 영화 〈마담 뺑덕〉의 실명과 광명 모티프

비록 흥행에 실패하였으나 '원 소스 멀티 유즈' 『심청전』을 현대적으로 재해석한 영화 〈마담 뺑덕〉은 철저하게 실명과 광명 모티프의 영화이다. 영화 중반부에 학규의 눈은 초점을 제대로 잡지 못하기 시작한다. 서울 야경이 내려다보이는 호텔에서 대학원생 여제자와 불륜을 저지른 후, 현기증을 느낀다. 학규의 눈은 벽에 걸린 액자가 두 개로 보일 정도로 초점을 제대로 잡지 못한다. 학규는 차츰 뿌옇게 시력을 잃어 간다. 덕이가 내연 관계인 안과 의사와 짜고 학규의 눈을 더 빨리 실명하게 유도한다. 청이는 학규의 눈 수술비 때문에 강제로 팔려 일본으로 가던 중 배에서 뛰어내린다. 청이가 살아 되돌아와서 덕이의 눈을 강제로 빼앗아 아빠 학규에게 안구 이식을 하여 광명을 되찾아 준다. 결국, 덕이는 실명하고 학규는 광명을 되찾는 실명과 광명 모티프이다. 이처럼 광명을 찾은 학규와 청이에게는 해피 엔딩의 광명 모티프이지만, 실명을 한 덕이의 입장에서는 비극적 한이 서린 실명 모티프이다. 어쩌면 결말에서 학규와 덕이의 사랑이 완성된 것이라고 본다면, 비록 덕이가 실명을 하였지만 해피 엔딩이라고 말할 수도 있겠다.

이 영화에서 학규의 광명을 놓고 긍정적인 면과 부정정인 면으로 양분하여 해석할 수 있다. 긍정적인 면은 현대 의학 기술의 발전된 모습을 반영한 것이다. 부정적인 면은 조폭들을 동원하여 덕이의 의사와는 무관한 안구 적출과 이식을 감행하는 것은 범법 행위이다. 이런 범법 행위는 안과 의사와 조폭이 부정하게 야합하지 않고서는 불가능한 일이다. 현재 우리나라에서는 불법으로 안구 이식이 불가능할 정도로 의료 감독 체계가 선진화하였음을 무시한 과잉 상상력을 발휘한 결과물이다 마치 범법 행위를 정의인 것처럼 가면을 씌워 놓은 듯하다.

덕이는 학규의 광명을 위해 실명의 희생자(피해자)가 되었다. 안구

기증 의사 없이 강제로 안구가 적출되고 실명을 당했다는 점에 주목해 보면, 청이의 배후에 있는 돈과 폭력에 의해 철저하게 짓밟힌 피해자이다. 나아가 청이도 아빠 학규의 광명을 위해 수단과 방법을 가리지 않고 복수심에 불타는 범법자(가해자)이다. 학규 역시 광명을 다시 찾겠다는 욕망에 사로잡혀 덕이를 희생양으로 삼아 눈을 뜨고도 죄책감을 느끼지 못한다. 물질만능주의가 만연한 이 시대를 살아가는 관객들에게 '인간성 상실'의 표본이기에 충분해 보인다. 마지막에 학규가 덕이에게 "그것도 사랑이었어. 너를 많이 아프게 해서 미안해, 덕아."라고 말한 것과 둘이서 호숫가 벤치에 앉아 학규가 "덕아, 사랑해!"라고 말한 것은 반성과 뉘우침이 아니라 거짓 사랑의 욕망에 다시 빠져들고 있음에 대한 암시일 수도 있다.

## 1.5. 닫으며

영화 〈마담 뻥덕〉의 실명과 광명 모티프를 통해 인간의 삶이 늘 뫼비우스의 띠처럼 피해자이면서 가해자이기도 함을 엿볼 수 있다. 덕이는 학규를 실명하게 하는 가해자이면서 청이 배후의 돈과 폭력에 의해 실명하는 피해자이기도 하다. 청이는 뻥덕으로 말미암아 팔려 가는 피해자이면서 아빠 학규의 광명을 위해 불법적인 방법으로 뻥덕을 실명하게 하는 가해자이기도 하다. 학규는 뻥덕에게 사랑의 상처를 준 가해자이면서 뻥덕에 의해 실명하는 피해자이기도 한다.

이 영화가 실명과 광명 모티프를 통해 전달하려는 메시지는 무엇일까? 현대인의 '인간성 상실'을 관객들에게 고발하고 있는 것은 아닐까? 즉, 물질만능주의가 만연한 이 시대를 살아가는 관객들에게 '인간성 회복'이 시급하다는 화두를 던진 것은 아닐까?

## 2.
# 영화 〈전우치〉의 캐릭터 원형 분석
– 크리스토퍼 보글러의 영웅 이야기의 원형 분석틀에 의거하여

### 2.1. 펼치며

고소설 『전우치전』[1]을 현대적으로 변용한 영화 〈전우치〉의 서사 구조와 캐릭터의 차이점 위주로 살펴보면서, 크리스토퍼 보글러의 영웅 이야기의 원형 분석틀에 의거하여 캐릭터 원형을 분석해 보고자 한다.

먼저 고소설 『전우치전』을 현대적으로 변용한 영화 〈전우치〉의 서사 구조와 캐릭터의 수용 양상과 현대적 변용을 분석하였다. 영화 〈전우치〉의 캐릭터 원형 분석은 크리스토퍼 보글러의 '영웅 이야기의 가장 보편적이고 유용한 원형'을 간략히 요약 정리하여 연구 범위와 분석틀에 대입하여 '캐릭터 원형'을 분석하였다. 이를 분석하기 위해 영화 〈전우치〉의 서사 구조와 내용, 소재 등도 캐릭터를 중심으로 범주화하였다.

---

1) 실존 인물 전우치를 주인공으로 한 소설의 이름은 하나가 아니다. 『전운치전』, 『전우치전』, 『전웋치전』, 『일치전』 등 이본에 따리 그 이름이 다르다. 이 가운네 이본군 천체를 대표할 정도로 가장 널리 알려진 이름은 『전운치전』이다. 그렇지만 활자본이 간행되기 이전인 19세기까지에는 『전운치전』이란 이름이 『전우치전』과 『전우치전』은 거의 대등한 정도로 함께 사용되었다. 그렇지만 오늘날에는 『전운치전』이란 이름은 사라진 채 『전우치전』만이 대표성을 갖게 되었다. 김현양, 『홍길동전·전우치전』, 문학동네, 2011, 294쪽 참조.

2009년 12월에 개봉한 영화 〈전우치〉는 누적 관객 600만 명[2]을 돌파한 흥행작이다. 고소설 『전우치전』을 변용하여 영화 콘텐츠화에 성공한 작품이라고 말할 수 있다. 과거에는 우리나라의 대표적 고소설 『홍길동전』[3]과 『춘향전』이 영화 콘텐츠화에 성공했었다. 이처럼 영화 〈전우치〉도 고소설을 콘텐츠화한 것 때문에 학계는 물론이고, 대중의 큰 관심을 이끌어 내기도 했다.

고소설 『전우치전』은 작자와 창작 연대가 미상이다. 『전우치전』은 "역사상의 실존 인물인 전우치(田禹治)를 모델로 한 것이어서 창작의 상한 시기는 비교적 추정이 용이한 편이다. '전우치는 조선 성종 및 중종 무렵, 곧 15세기 후반에서 16세기 중반에 이르는 시기에 살았던 인물'[4]이다. 사후의 행적이 설화화(說話化)되어 한동안 전승되다가 소설로까지 성장하자면, 한두 세대는 지나야 할 터이니 『전우치전』은 17세기 이후에야 이루어졌을 것"[5]이라는 추정이 가능하다.

고소설 『전우치전』의 서사 구조는 『홍길동전』과는 달리 환상적인 삽화 편집적 구성이다. 그동안 영화화하지 못했던 이유이기도 하다.

『전우치전』의 이러한 삽화 편집적 구성은 그 큰 틀과 전우치라는 인

...

2) 영화 〈전우치〉는 2009년 국내 영화 흥행 순위에서 전국 관객 동원 240만 명을 기록하면서 당당히 10위에 올랐다. 순위권에서 전국 관객 동원 320만 명을 기록한 〈쌍화점〉과 더불어 고전 문학의 현대적 변용에 대한 가능성을 보여 주고 있는 것이다. 이상우, 「영화 〈전우치〉의 소설 『전우치전』 수용양상」, 『문화콘텐츠와 이야기 담론』, 한국문화사, 2011, 412쪽 참조.
3) 지금까지 전해지는 『홍길동전』의 여러 이본은 대체로 필사본 계열, 경판본 계열, 완판본 계열로 분류된다. 필사본은 붓으로 써서 묶어 낸 책을 말하며, 판본은 나무판에 글씨를 새긴 후 이를 찍어 묶어 낸 책을 말한다. 경판본은 서울에서 간행된 책이며, 완판본은 전주에서 간행된 책이다. 세 계열 가운데 지금까지 가장 많이 남아 전해지고 있는 것은 필사본이며, 경판본이 그다음이다. 세 계열로 구분하는 것은 책의 제작사의 차이 때문이 아니다. 그렇다면 경판본과 완판본을 나눌 필요는 없다. 김현양, 앞의 책, 290쪽 참조.
4) "조선 성종 및 중종 무렵인 15세기 중반에서 16세기 중반의 시대를 살았던 실존 인물 '전우치'를 주인공으로 한 이야기이다. '전우치 이야기'는 문헌 실화로 정착되기도 하고 소설로 정착되기도 했는데, 소설로 정착되는 과정에서 이야기의 내용이 상이한 두 계열이 형성"되어 오늘에 이르고 있다. 위의 책, 292쪽 참조.
5) 김흥규 외, 김일렬 역주, 『한국고전문학전집』25, 고려대학교 민족문화연구소, 1996, 183쪽. 이상우, 앞의 논문, 401쪽 재인용.

물의 캐릭터성만 지킨다면, 그 도술을 통한 행적에 있어서는 콘텐츠화 하는 주체가 얼마든지 취사선택을 통하여 다채로운 이야기로 구성할 수 있도록 해 준다. 작품 내에서 이러한 전우치의 도술적인 활동은 그 순서와 횟수에 전혀 제약을 받지 않기 때문에 몇 개의 삽화 단위만 인용하든, 기본적인 것만을 차용하여 새로운 이야기를 창조해 내든 가능성이 무한하다는 뜻이다. 원래『전우치전』이 생겨나게 된 근본이자『전우치전』의 특징 자체가 삽화 편집적 구성이기 때문에 이에 대해서는 췌언(贅言)을 요하지 않는다.[6] 이 글에서는 먼저 영화 〈전우치〉의 현대적 변용을 살펴보고자 한다.

## 2.2. 영화 〈전우치〉의 현대적 변용

### 2.2.1. 서사 구조 수용 양상

영화 〈전우치〉는 고소설『전우치전』의 서사 구조를 얼마만큼이나 수용했을까? 한마디로 말한다면 일부만 수용했다고 말할 수 있다. "영화 〈전우치〉에서는 고소설『전우치전』에서 많은 내용을 차용하지 않은 것으로 보인다. 기본적으로 도술을 사용한다는 설정과 하나의 사건, 그리고 혼란한 사회상이라는 것 이외에 공통점은 발견하기 어렵다."[7] 이에 관해 누구나 이견 없이 공감할 수 있을 것이다. 나아가 영화 〈전우치〉의 전반에 걸쳐 나타나는 '도술'과 첫 장면에 등장하는 임금을 농락하는 장면(사건)을 중심으로 살펴볼 필요가 있다.

---

6) 위의 논문, 404쪽 참조.
7) 위의 논문, 407쪽.

먼저 도술에 관해서 살펴보고자 한다. 고소설 『전우치전』에서 전우치는 "여우에게서 호정을 빼앗아 먹고, 구미호로부터 천서를 얻음으로써 도술을 획득한다. 그 도술의 사용 범위에 대해서는 뚜렷하게 나와 있지 않지만, 그의 행적으로 보았을 때는 둔갑술과 분신술 등이 도술의 주라고 할 수는 없지만, 영화에서는 서사 구조의 중심인물이다. 화담 또한 강력한 도술을 사용한다는 점에서는 일치하나 소설과 영화에서 보이는 그의 도술에는 차이가 있다."[8]고 선을 그을 수 있을 것이다.

두 번째로 임금을 농락하는 사건이다. 소설에서 전우치는 도술을 사용해 수많은 사건을 일으킨다. 그중에 하나이다. 영화에서는 유일한 사건이라고 할 수 있다. 유일하다고 언급한 이유는, 영화에서 전우치가 최고의 도사가 되기 위해 '만파식적'[9]과 청동 검, 청동 거울을 찾는 개인의 욕망을 이루고자 도술을 사용한 것을 제외했기 때문이다. 이는 소설에서 전우치의 도술 사용 목적과는 상이하다. 영화 〈전우치〉에서 이 사건을 차용하고 있기는 하지만, 이는 영화 초반에 전우치가 도술을 사용할 수 있다는 것을 관객들에게 보여 주기 위한 사전 작업의 일환이었다.[10] 이것은 영화 〈전우치〉가 개봉되기 전에는 고소설 『전우치전』이 대중에게 널리 알려지지 않았다. 고소설 『홍길동전』의 인기와 비교한다면, 극과 극이었다고 말할 수 있을 것이다.

마지막으로 혼란한 사회상이라 함은 어찌 보면 당연한 배경일 수밖에 없다. 천하가 태평하다면 영웅이 무슨 소용이 있겠으며, 누가 영웅을 갈망하겠는가. 이에 따라 소설과 영화는 이러한 사회상을 선택할 수

･･･
8) 위의 논문, 407쪽.
9) 영화 〈전우치〉에서의 만파식적과 『삼국유사』 권2, '만파식적'이 동일한 의미의 것은 아니지만, 『삼국유사』의 만파식적의 이름을 차용한 것이므로 『삼국유사』를 참조할 필요가 있다. 일연, 이병희 옮김, 『원문역주 삼국유사(개정판)』, 명문당, 1990, 238-240쪽. ; 일연, 김원중 옮김, 『삼국유사』, 을유문화사, 2002, 152-156쪽 참조.
10) 이상우, 앞의 논문, 407-408쪽 참조.

밖에 없었을 것이다.[11] 고소설과 영화는 당연히 차이점이 존재한다.

## 2.2.2. 캐릭터 수용 양상

영화 〈전우치〉는 고소설 『전우치전』의 캐릭터(인물)를 얼마만큼이나 수용했을까? 영화 〈전우치〉의 서사 구조에서의 '도술'이 캐릭터와도 관련성이 깊다. 영화 〈전우치〉에서의 캐릭터는 고소설 『전우치전』의 캐릭터와 일치하기도 하지만, 차이점도 많다. 특히 화담이라는 캐릭터는 창조적 상상력으로 새로 창조한 인물이다.

영화 〈전우치〉에는 소설에 없었던 등장인물인 초랭이, 천관대사, 서인경(과부), 세 명의 신선, 요괴 두 마리 등을 창조하여 서사 전개상 새로움을 가미하였다. 이들은 서로 유기적인 관계를 맺으며 만파식적을 탐내어 세상을 지배하려고 한 화담의 욕망과 청동 검과 청동 거울에 집착하며 스승을 죽인 원수를 갚고자 하는 전우치의 욕망과 어우러져 사건을 전개시키는 중요한 역할을 담당하였다.[12]

영화 〈전우치〉의 주인공 전우치는 도술에 뛰어난 자이다. 부적을 이용하여 하늘에서 내려오는 옥황상제의 아들을 사칭하기도 하고, 임금을 놀린 뒤 그림 속으로 도망치는 재주를 보인다. 또한, 매우 장난기가 많은 인물이면서 속 깊은 인물로 그려지고 있다.[13]

영화에서 전우치는 도술을 사용하려면 부적이 반드시 필요하다. 소설에서 이러한 제약 없이 도술을 사용하는 전우치와는 큰 차이점이다. 이 점은 두 가지 이유로 설명이 가능하다. 먼저, 자유자재로 도술을 사

---

11) 위의 논문, 408쪽 참조.
12) 정디정, 「영화 〈전우치〉의 소설 〈전우치전〉 수용 양상」 학위논문(석사), 숙명여자대학교 교육대학원 국어교육전공, 2011, 20쪽 참조.
13) 전숙경, 「영화 〈전우치〉를 활용한 고소설 〈전우치전〉 교육방안」 학위논문(석사), 아주대학교 교육대학원 국어교육전공, 2010, 16쪽 참조.

용하는 전우치보다는 도술 사용에 제약이 있는 전우치로 설정하는 것이 영화의 전개에 있어서 갈등과 위기 상황을 만들어 내기 수월하다는 점이다. 실제로 영화에서 전우치는 초랭이의 배신으로 부적을 잃고, 화담과 대적하다 생명의 위협을 받을 정도의 위기를 겪기도 한다. 두 번째로는 전우치를 통한 교훈 전달의 효율성을 위해서이다. 전우치 캐릭터는 소설과 달리 자유자재로 도술을 쓸 수 없다. 처음에 불완전한 캐릭터로 설정하였다가 이후에 깨달음을 통해 변화를 준다. 이것이 메시지를 전달함에 있어서 더욱 효과적일 수 있다는 점이다. 영화에서는 전우치가 깨닫는 계기를 장자의 '호접몽(胡蝶夢)' 사상과 연관 지을 수 있다. 이러한 도술과 관련한 설정을 제외한다면, 전우치의 장난기 어린 성격 같은 부분에 대해서는 대체로 소설과 일치한다.[14]

영화 〈전우치〉는 전우치와 화담이라는 두 인물의 성격과 그들이 맺고 있는 관계를 통해 통상적인 고소설의 '권선징악'이라는 주제를 드러내고 있다. 원작에서는 화담이 전우치의 스승으로 등장하지만, 영화에서는 전우치의 스승으로 천관대사라는 새로운 인물이 등장한다. 화담은 뛰어난 도술을 부리는 악인으로 등장한다. 화담은 영화의 중심 사건인 요괴를 잡고, 만파식적 피리를 찾는 사건과 관련하여 요괴의 마성에 젖은 속물적 인물로서 전우치의 스승인 천관대사를 죽인다. 전우치에게 누명을 씌우고, 전우치를 해치기 위해 전우치의 친구 초랭이와 전우치가 사랑하는 여인 서인경을 유인하기도 한다. 즉, 영화에서의 화담은 전우치와 대립하는 인물로 원작 소설에서 '화담'이라는 이름만 빌려 왔을 뿐 새로운 인물로 재창조했다고 보아야 한다.[15]

...

14) 이상우, 앞의 논문, 408-409쪽 참조.
15) 이유진, 『고전소설 교육의 영화매체 활용 방안 연구 : 고전소설 〈전우치전〉과 영화 〈전우치〉를 중심으로』, 학위논문(석사), 동국대학교 교육대학원 국어교육전공, 2013. 26쪽 참조.

## 2.2.3. 현대적 변용

앞에서 살펴본 바와 같이 서사 구조와 인물의 창조적 변용의 내용으로 본다면, 영화 〈전우치〉는 소설의 표면적인 모습들만을 차용해 상업적으로 재창조한 결과물로 보일 수도 있다. 소설에서 차용한 요소로 본다면, 충분히 그럴 수 있다. 영화 〈전우치〉는 소설 『전우치전』 이외에도 다양한 우리의 고전적인 요소들을 차용해 소설과는 또 다른 방식으로 가볍지만은 않은 요소들로 대중에게 메시지를 전달하고 있다.[16]

인물과 직접적인 연관성이 있는 소재 측면에서 살펴볼 필요가 있다. 소재의 측면으로 보자면 다음과 같이 크게 네 가지 정도를 들 수 있다. ① 만파식적(萬波息笛), ② 거문고 갑을 쏴라(射琴匣), ③ 12지신을 모티프로 구성한 요괴의 모습, ④ 복사꽃, 하나하나 살펴본다. 먼저 만파식적은 신라의 신적으로 '왕이 만파식적을 부니 나라의 모든 근심과 걱정이 해결되었다'라고 전해지는 전설적인 피리이다. 영화에서 차용한 만파식적은 정확하게 그 쓰임에 대해서는 언급이 없다. 전우치와 화담이 만파식적을 소유하고자 하는 목적을 통해 짐작하면 어떤 도술적인 힘이 있음은 분명하다. 두 번째로 '거문고 갑을 쏴라(射琴匣)'라는 문장이다. 이 문장은 신라 21대 소지왕 때의 기록에서 차용한 내용이다. 영화에서는 이 문장을 통해 깨달음을 얻고, 화담과의 전투에서 부적 없이도 도술을 사용할 수 있는 경지에 이르게 할 수 있다. 세 번째로 요괴들의 모습이다. 요괴 12지신 전부를 형상화하지는 않았지만, 영화 초반에 등장하는 두 마리의 요괴는 두말할 나위 없이 12지신 중 쥐와 토끼의 모습이다. 네 번째로 '복사꽃'[17]이다. 영화의 결말에서 화담과 전우

---
16) 이상우, 앞의 논문, 414쪽 참조.
17) 복사꽃은 우리나라 고유의 민간 신앙으로, "옛날에 귀신이 복숭아나무로 맞아 죽은 일이 있으므로, 귀신은 복숭아나무를 무서워한다."라는 말이 있다. 따라서 우리 조상들은 복숭아나무 근처에 묘를 쓰지 않았다고 한다. 위의 논문, 416쪽 참조.

치의 도술 대결의 결말은 표훈대덕인 서인경(임수정)에 의해 끝을 맺는다. 영화에서 한창 도술 대결을 펼치고 있는 그 둘 사이에 임수정은 무의식적으로 화담의 몸에 복사꽃을 꽂아 넣어 그의 패배를 이끈다. 추가적으로 표훈대덕은 〈찬기파란가〉의 작가인 충담사이다. 실제 충담사와의 연관성은 없다. 그 이름만을 차용한 것이다.[18]

이렇듯 영화 〈전우치〉는 영화 전반에 걸쳐 곳곳에 고전적인 제재를 차용했다. 대중에게는 이러한 제재가 원전 소설인 『전우치전』에 등장하느냐 아니냐는 전혀 중요한 문제가 아니다. 전우치와 화담이라는 인물과 더불어 단순히 우리의 옛것에서 가져온 요소 중의 하나일 뿐이다. 그렇기에 차용한 요소의 시대적인 일치나 제재의 동일한 출처 따위는 전혀 상관이 없다. 이러한 제재적인 요소를 제외하고도 영화 〈전우치〉에서는 표면적으로 잘 드러나지는 않지만, 전우치와 초랭이의 대사를 통해 직·간접적으로 현대 사회와 조선 사회에 대해 비판하는 장면들도 등장한다.

먼저, "밋밋한 도가보다는 유가의 입신양명이 좋기는 하지만, 입신양명을 쫓다 보면 이게 현실인지 꿈인지 분간을 못하게 되죠."라는 초랭이의 대사에 주목해 본다. 유가와 함께 중국 사상의 주류를 이룬다. 무위자연(無爲自然)으로 대변하는 도가를 밋밋하다는 말로 일축해 버린다. 유가의 입신양명을 쫓을 때의 폐해에 대해서 언급하고 있다. 도가와 유가라는 두 사상에 대해 감독이 얼마만큼의 지식을 갖고, 얼마만큼의 의도를 내재하였는가에 대해서는 알 수 없다. 다만 이 두 가지 사상에 대한 비판적 시각으로 조선 사회를 비판하고 있다. 더군다나 이렇게 인간 사회를 비판하는 것이 개(犬)라는 점이 비판 의식의 강화에 일조하고 있다. 두 번째로 전우치는 현대 사회에 와서 세 명의 신선들에게 시

---
18) 위의 논문, 414-416쪽 참조.

대적인 상황을 간략하게 설명을 듣는다. "왕이 존재하지 않는 사회에 대해 전우치는 '왕이 없으면 백성들은 누가 먹여 살리냐?'며 묻고, 세 명의 신선들은 전우치가 살던 시대에 빗대어 말한다. "상인들에 의해 세상이 돌아간다."라고 설명해 준다. 이에 대해 전우치는 "상인이라는 족속들은 하나같이 이기적인 놈들뿐이"라며 현재 사회가 엉망인 것은 보지 않아도 뻔하다는 듯 탄식한다. 이는 자본주의로 유지되고 있는 현 세계에 대한 비판 의식이 저변에 깔려 있다. 마지막으로 화담의 대사를 통해서는 인간 본성에 대한 의식을 보여 주고 있다. 레스토랑에서 모든 손님과 직원들을 살해한 화담이 식사를 마치고 나오다 살아서 벌벌 떨고 있는 여자를 보면서 "살고 싶으냐? 더 살아봤자 아무것도 없다."라고 말해 주고 죽인다. 또, 전우치를 배반한 초랭이에게 "니가 인간이 다 되었구나. 배신을 다하게."라고 말한다. 이는 인간의 본성에 대한 회의감을 드러낸 것으로 풀어낼 수 있다. 다시 말하면, 초랭이의 대사는 예나 지금이나 출세를 위해 목숨 거는 인간, 즉 사회적인 구조에 대한 비판이라 할 수 있다. 전우치의 대사는 현대의 자본주의에 대한 비판, 화담의 대사는 인간의 본성에 대한 회의감을 드러내고 있다. 이러한 점은 가볍고, 유쾌한 전개 속에서 결코 가볍지만은 않은 비판 의식을 드러내면서 영화의 질을 한층 더 높여 준다.[19]

...
19) 이상우, 위의 논문, 416-417쪽 참조.

## 2.3. 영화 〈전우치〉의 캐릭터 원형 분석

크리스토퍼 보글러는 『신화, 영웅 그리고 시나리오 쓰기』에서 '영웅의 여행 모형'[20]을 12단계로 구분하여 제시하고 있다. 또한, 영웅 이야기의 가장 보편적이고 유용한 원형을 7가지로 구분하여 제시하고 있다.

이 글에서 후자를 정리해 본 뒤, 이에 영화 〈전우치〉의 캐릭터를 대입하여 분석해 보면, 고소설 『전우치전』의 캐릭터와 일치하기도 하지만, 차이점도 많다. 특히 화담과 초랭이의 캐릭터는 새로 창조한 인물이다.

### 2.3.1. 영웅 이야기의 가장 보편적이고 유용한 원형

크리스토퍼 보글러의 영웅 이야기의 가장 보편적이고 유용한 원형 7가지를 요약 정리해 본 뒤, 이에 영화 〈전우치〉의 캐릭터를 대입하여 분석해 보고자 한다.

① **영웅(Hero)** : 타인을 위해 자신의 이익을 희생할 줄 아는 캐릭터. 영웅의 원형은 정체성과 완전함을 찾아 헤매는 에고를 표상한다. 영웅은 두 가지 유형으로 나눌 수 있다. ㉮ 자발적인, 적극적인, 열렬하고, 모험적으로 뛰어들고, 의심을 품지 않고, 늘 용감하게 앞장서 나아가고, 스스로 동기 부여를 하는 유형. ㉯ 비자발적인, 의심과 주저함에서 헤어나지 못하고, 소극적이고, 외적 힘을 입어 동기 부여받거나 내몰려서 모험으로 이행해 가는 유형. 양자 모두 스토리를 이끌어 갈 수 있다.[21]

---

20) ① 일상 세계, ② 모험에의 소명, ③ 소명의 거부, ④ 정신적 스승과의 만남, ⑤ 첫 관문의 통과, ⑥ 시험, 협력자, 적대자, ⑦ 동굴 가장 깊은 곳으로 접근, ⑧ 시련, ⑨ 보상(검을 손에 쥠), ⑩ 귀환의 길, ⑪ 부활, ⑫ 영약을 가지고 귀환. 크리스토퍼 보글러, 함춘성 옮김, 『신화, 영웅 그리고 시나리오 쓰기』, 비즈앤비즈, 2013. 52-71쪽 참조.
21) 위의 책, 77-85쪽 참조.

② 정신적 스승(賢老, Mentor)[22] : 영웅을 돕거나 가르치는 긍정적인 캐릭터. 정신적 스승의 원형은 영웅을 가르치고 보호하며 재능을 부여하는 모든 캐릭터이다. 영웅의 여행이 정신적 스승의 등장을 제1막에서 빈번히 보여 줄지라도, 스토리에서 정신적 스승의 배치는 반드시 고려해야 할 사항이다. 캐릭터는 누가 사정에 정통해 있는지, 누가 미지의 나라의 지도를 갖고 있는지, 혹은 누가 영웅에게 적시에 적절한 정보를 줄 것인지를 어느 순간에는 알아야 한다. 정신적 스승이 스토리의 초반에 모습을 드러낼 수도 있고, 제2막 내지 제3막의 결정적 순간에 이를 때까지 모습을 드러내지 않을 수도 있다. 정신적 스승은 영웅에게 여행에 필요한 동기, 영감, 길잡이, 훈련, 권능을 제공한다. 모든 영웅은 무언가에 의해 인도되며, 이러한 에너지에 대한 인식을 하지 못한 스토리는 불완전하다.[23]

③ 관문수호자(Threshold Guardian) : 영웅은 예외 없이 모험의 여정에서 장애물에 직면한다. 새로운 세계를 향한 입구의 관문에는, 통과할 자격이 안 되는 자를 들어가지 못하게 하는, 힘 있는 문지기가 있다. 그들은 영웅에게 위협적인 얼굴을 하지만, 제대로 납득시키기만 하면, 극복하거나, 통과하거나, 심지어는 협력자로 뒤바꾸어 놓을 수 있다. 관문수호자는 주요한 악한이나 적대자가 아니다. 그들은 악한의 심복, 조금 낮은 서열의 깡패, 또는 장(長)이 있는 본부에 대한 접근을 제한하고자 고용한 용병일 수 있다. 중립적인 인물일 수도 있다. 드문 경우, 영웅의 의지와 기량을 시험하기 위해 영웅이 가는 길목에 등장하는 숨은 조력자라고 할 수도 있다. 관문수호자의 에너지는 캐릭터로 구현

...

22) 조셉 캠벨(Joseph Campbell)은 현로(the Wise Old or Wise Old Woman)라 이름 붙였다.
23) 크리스토퍼 보글러, 앞의 책, 91-103쪽 참조.

되지 않을 수도 있다. 하지만, 소도구, 건축 양식, 동물, 자연의 힘으로 등장하여 영웅을 가로막고 시험한다.[24]

④ **전령관(Herald)** : 대개, 어떤 새로운 힘이 제1막에서 영웅에게 도전을 요구한다. 이것이 전령관이라는 원형의 에너지이다. 중세 기사단의 전령관처럼, 전령관으로서의 캐릭터는 도전을 제기하고 중대한 변화가 도래할 것임을 알려 준다. 전령관은 동기를 부여하고, 영웅에게 도전을 요구하며, 스토리를 잘 엮어 간다. 전령관은 영웅(관객)에게 모험과 변화가 다가오고 있음을 경고한다. 전령관은 사람일 수도 있고 어떤 힘일 수도 있다. 전령관은 긍정적일 수도, 부정적일 수도, 아니면 중도적인 인물일 수도 있다. 전령관 원형은 스토리의 거의 어느 지점에서든 나타나 제 역할을 할 수 있으나, 대부분 제1막에 출현하여 영웅을 모험으로 이끄는 데 도움을 준다.[25]

⑤ **변신자재자(Shapeshifter)** : 변신자재자는 큰 힘을 행사하는 원형이다. 영웅은 대부분 여러 명의 이성을 끊임없이 만난다. 그러한 인물들의 가장 주요한 특징은 영웅의 관점에서 수시로 변화한 모습으로 나타난다는 점이다. 일반적으로 영웅이 사랑에 관해 품는 감정이나 사랑을 나누는 이성이 변신자재자의 특질을 잘 보여 준다. 변신자재자는 영웅을 잘못된 곳으로 인도하거나 영웅이 품고 있는 생각을 지속하게 함으로써, 자신의 충심과 진심이 의문스러워지도록 한다.

자유자재의 변신은 스토리에서 어떤 캐릭터라도 가질 수 있는 기능이거나 가면이다. ㉮ 영웅은 로맨틱한 상황에서도 가면을 쓸 수 있다.

- - -
24) 위의 책, 104-108쪽 참조.
25) 위의 책, 109-113쪽 참조.

㉯ 영웅은 때로 함정에서 벗어나기 위하여 또는 관문수호자를 넘어서기 위하여 변신자재자이어야 한다. ㉰ 악한이나 그들의 동료는 영웅을 끌어들이거나 헷갈리게 하기 위해 변신자재자의 가면을 착용할 수 있다. ㉱ 자유자재의 변신은 정신적 스승이나 장난꾸러기와 같은 다른 원형의 본질적 속성이기도 하다. ㉲ 변신자재자는 스토리가 영웅의 역할을 분담하는 두 남성 내지 두 여성 캐릭터에 중점을 두는 소위 '버디 무비(buddy movise)에서도 찾아볼 수 있다.[26]

⑥ 그림자(Shadow) : 그림자로 일컬어지는 원형은 사물의 어둡고, 표출되지 못한, 성취되지 못한, 또는 수용 거부당한 측면의 에너지를 표현한다. 그림자의 부정적인 면은 악한, 적대자, 원수라 일컫는 캐릭터에 투사되어 있다. 악한과 원수는 대체로 영웅의 죽음, 파괴 혹은 패배에 온몸을 불사른다. 꿈에서, 그림자는 괴물, 악령, 악마, 사악한 외계인, 뱀파이어, 혹은 다른 두려움을 불러일으키는 적으로 등장한다. 그림자의 기능은 영웅에게 도전하여, 문제 해결 과정에서 영웅에게 가치 있는 대적자로 기능한다.[27]

⑦ 장난꾸러기(익살꾼, Trickster) : 장난꾸러기 원형은 악의 없는 장난을 치고 싶어 견딜 수 없는 에너지와 변화에의 욕망을 구현한다. 스토리에서 주로 광대나 희극적 성격의 보조 역할을 하는 모든 캐릭터는 이런 유형을 표현한다.[28] 드라마에서, 장난꾸러기는 희극적인 상황에 의한 긴장 완화라는 극적 기능도 수행한다.

---

26) 위의 책, 114-120쪽 참조.
27) 위의 책, 122-123쪽 참조.
28) 위의 책, 128쪽.

이처럼 크리스토퍼 보글러가 분류한 원형 7가지를 요약해 보았다. 이에 추가하여 캠벨이 분류한 원형 '협력자(Ally)'를 추가하여 살펴볼 수도 있을 것이다. 협력자는 영웅의 동반자로서 웃음으로 긴장을 풀어 주고, 다수 혹은 인간이 아닐 수도 있다. 이 캠벨이 주장한 협력자를 크리스토퍼 보글러의 원형 분석틀에 별도의 항목으로 다루기에는 타당하지 않다고 판단하여 논리 전개상 적대자의 반대어로만 사용한다.

## 2.3.2. 캐릭터 원형 분석

크리스토퍼 보글러는 캐릭터의 원형이 고착된 것이 아니라 유연한 기능을 가졌다고 본다. 하나의 캐릭터가 하나 이상의 원형 특질을 구현한다는 것이다. 가령 '전령관'의 기능을 수행하는 캐릭터가 익살꾼, 정신적 스승, 그림자 등의 기능을 하기 위해 가면을 바꿔 쓸 수도 있다고 강조한다.[29] 영화〈전우치〉에서도 캐릭터 원형의 유연성을 접할 수 있다.

① 영웅(Hero)-전우치(강동원 분) : 주인공 전우치는 도술이 뛰어나다. 부적이 그의 힘이다. 부적을 이용하여 하늘에서 하강하며 옥황상제의 아들을 사칭, 임금을 놀린 뒤, 그림 속으로 도망친다. 이는 타인(민초)을 위해 희생할 줄 아는 영웅 캐릭터 기능을 한다. 둔갑술·복제술·축지법 등 부적만 있으면 온갖 도술을 부릴 수 있다. 술과 풍류를 즐기고, 여자를 좋아하는 한량이며 악동이기도 한 캐릭터이다. 여느 착실한 영웅 캐릭터들과 달리 입체적인 개성으로써 관객들을 즐겁게 해 주는 매우 엉뚱하고 장난기 많은 캐릭터이다. 즉, '장난꾸러기 영웅 캐릭터'의 모습이기도 하다.

---

29) 위의 책, 73-74쪽 참조.

또한, 사랑에 진지한 모습을 보인다. 자신에게 남은 마지막 부적 한 장을 자신의 목숨을 구명하는데 사용하지 않고, 서인경을 구하는 데 사용한다. 이로 인해 죽음의 위기를 자초한다. 타인을 위해 자신의 이익을 희생할 줄 아는 캐릭터이다. 모험에 뛰어들어 늘 용감하게 앞장서서 싸우는 캐릭터이다. 장난기가 많지만, 때론 진지하면서 속 깊은 면을 가지고 있는 캐릭터이기도 하다. 늘 전우치 곁에는 초랭이가 붙어 다닌다.

크리스토퍼 보글러가 언급한 "영웅은 로맨틱한 상황에서도 가면을 쓸 수 있다. (…) 영웅은 때로 함정에서 벗어나기 위하여 또는 관문수호자를 넘어서기 위하여 변신자재자가 되어야 한다."[30]라는 것에 대입해 보면, 주인공 전우치가 서인경과 로맨틱한 상황에서 이중적 모습을 보이고, 여러 번 도술을 부려 변신 혹은 분신을 한다. 전우치는 '변신자재자'이기도 하다.

② 정신적 스승(賢老, Mentor)-천관대사(백윤식 분) : 크리스토퍼 보글러는 정신적 스승이 "스토리의 초반에 모습을 드러낼 수도 있고, 제2막 내지 제3막의 결정적 순간에 이를 때까지 모습을 드러내지 않을 수도 있다."[31]고 강조했다. 영화 〈전우치〉에서 정신적 스승은 영화 초반부 제1막에서 전우치의 스승으로 등장하는 카리스마 있는 캐릭터이다. 전우치의 정신적 스승은 전우치를 가르치는 긍정적인 캐릭터이다. 전우치를 가르치고 보호하며 재능을 부여하는 전형적인 정신적 스승 캐릭터이다.

천관대사는 세속을 등지고 사는 도인으로서 화담과의 짧은 대결로 강렬한 인상을 심어 준다. 올곧은 성품으로 전우치와 초랭이의 철없는 행동에 대해 타이르고 가르친다. 또한, 눈에 보이지 않는 진실이 어떤 것

---
30) 위의 책, 103쪽.
31) 위의 책, 120쪽.

인지를 꿰뚫어 보는 지혜로운 캐릭터이다. 신선들은 화담이 요괴인지 알지 못하지만, 천관대사는 화담이 요괴임을 꿰뚫어 보고 만파식적을 내주지 않는다. 모든 것을 알고 있음에도 입 밖으로 내뱉지 않는다. 꽤 신중한 캐릭터이다. 정신적 스승인 천관대사는 전우치에게 여행에 필요한 영감, 길잡이, 훈련, 권능을 제공한다.

크리스토퍼 보글러가 언급한 "자유자재의 변신은 정신적 스승이나 장난꾸러기와 같은 다른 원형의 본질적 속성이기도 하다."[32] 이에 대입해 보면, 정신적 스승인 천관대사는 '변신자재자'이기도 하다.

③ **관문수호자(Threshold Guardian)-요괴 토끼와 쥐(정신과 의사, 선우선, 공정환 분)**: 전우치에게 늘 장애물이면서 위협적인 요괴 캐릭터이다. 화담의 심복이다. 두 마리의 요괴, 토끼와 쥐는 인간으로 변신하기도 한다. 제1막에서부터 등장한다. 전우치를 뒤따라 쫓는 역할이다. 이는 '부정적인 전령관 캐릭터'이기도 하다.

두 마리의 요괴, 토끼와 쥐는 전우치에게 매우 위협적이다. 전우치는 이런 요괴를 협력자로 뒤바꾸어 놓지 않는다. 대적하여 싸우고, 이를 격파하고 가둔다. 영화 〈전우치〉에서 관문수호자 요괴들은 화담의 심복이다. 악한이며 적대자이다. 달리 보면, 요괴들은 전우치의 의지와 기량을 시험하기 위해 전우치가 가는 길목마다 등장하는 숨은 조력자이기도 하다.

크리스토퍼 보글러가 언급한 "악한이나 그들의 동료는 영웅을 끌어들이거나 헷갈리게 하기 위해 변신자재자의 가면을 착용할 수 있다."[33]라는 것에 대입해 보면, 두 마리 요괴가 '변신자재자'이기도 하다.

---

32) 위의 책, 120쪽.
33) 위의 책, 120쪽.

④ 전령관(Herald)-세 신선(김상호, 송영창, 주진모) : 크리스토퍼 보글러는 "전령관은 긍정적일 수도, 부정적일 수도, 아니면 중도적인 인물일 수도 있다. 전령관 원형은 스토리의 거의 어느 지점에서든 나타나 제 역할을 할 수 있으나, 대부분 제1막에 출현하여 영웅을 모험으로 이끄는 데 도움을 준다."라고 강조했다. 영화 〈전우치〉에서 세 신선은 '긍정적 전령관 캐릭터'이다. 크리스토퍼 보글러 주장처럼 제1막에서 세 신선이 전우치를 그림 속에 가두려고 도전을 제기한다.

이들 세 신선은 후반까지 영화의 감초 역할을 한다. 500년 전에는 신선으로서 요괴를 퇴치하고, 만파식적을 되찾기 위해 애써 왔다. 현대에는 신선이라는 신분을 숨기고 각각 스님과 신부, 무당으로 살아간다. 이들은 부러진 피리 '만파식적'을 원래대로 돌려놓을 수 있는 유일한 인물이다. 이들 신선 세 명은 서로 성격이 확연히 다르다. 스님은 자신의 옛일을 들추어내어 이야기하길 좋아하고 현재 상태에 불만을 갖는 캐릭터, 신부는 정에 약하여 냉철한 판단력이 떨어지는 캐릭터, 무당은 가장 신선다운 합리적인 캐릭터이다.

⑤ 변신자재자(Shapeshifter)-서인경(임수경 분) : 크리스토퍼 보글러는 "일반적으로 영웅이 사랑에 관해 품는 감정이나 사랑을 나누는 이성이 변신자재자의 특질을 잘 보여 준다. 변신자재자는 영웅을 잘못된 곳으로 인도하거나 영웅이 품고 있는 생각을 지속하게 함으로써, 자신의 충심과 진심이 의문스러워지도록 한다."[34]라고 강조했다. 이처럼 서인경은 주인공 전우치가 사랑의 감정을 품는 이성 캐릭터이다. 주인공 전우치를 죽음의 길로 인도하는 캐릭터이기도 하다.

500년 전, 천관대사가 전우치에게 "네가 죽을 곳을 저 여인이 안내를

---

34) 위의 책, 114쪽.

하는구나!"라며 경고한다. 그 당시 전우치의 마음을 단번에 사로잡았던 여인의 얼굴과 닮았다. 현대에는 유명 여배우의 스타일리스트이자 배우 지망생이다. 책 읽는 것과 바느질을 싫어하던 500년 전의 그녀와 성격까지 닮은 캐릭터이다. 조용하고 순응적일 것 같은 캐릭터이지만, 여배우가 마실 커피에 '침 뱉기'라는 작은 반항을 하기도 한다. 가볍게 작은 반항 정도에 그치기만 할 것 같은 그녀가 화담을 그림 속에 가두는 데 결정적인 역할을 한다. 한창 도술 대결을 펼치고 있는 전우치와 화담의 사이에서 무의식적으로 화담의 몸에 복사꽃을 꽂아 넣어 화담의 패배를 이끌어 낸다.

크리스토퍼 보글러가 언급한 "변신자재자는 스토리가 영웅의 역할을 분담하는 두 남성 내지 두 여성 캐릭터에 중점을 두는 소위 '버디 무비(buddy movies)에서도 찾아볼 수 있다."[35]에 대입해 보면, 화담을 죽인 서인경은 전우치와 역할 분담을 한 것이다. 따라서 서인경은 '변신자재자'이기도 하다.

⑥ 그림자(Shadow)-화담(김윤석 분) : 악의 화신 '화담'은 전우치에게 가장 강력하게 대적하는 요괴 캐릭터이다. 전우치에 못지않은 강력한 도술을 부리며, 선과 악을 동시에 지닌 양면적인 악역 캐릭터이다. 만파식적을 손에 넣어 세상을 다스릴 음모를 꾸민다. 모든 악역이 그러하듯이 권력에 눈이 먼 캐릭터이다. 만파식적을 얻기 위해 수단과 방법을 가리지 않는다. 선한 사람인 척하는 연기로 신선들을 속이기도 하고, 본인의 정체를 숨기기 위해서 자신이 가장 가까이에서 키운 제자들을 한 치의 망설임도 없이 죽이는 잔인한 캐릭터이다. 화담은 정면 승부가 어려울 땐 속임수를 쓴다. 그가 권하는 차에는 독이 들었다.

---

35) 위의 책, 120쪽.

크리스토퍼 보글러가 언급한 "악한이나 그들의 동료는 영웅을 끌어들이거나 헷갈리게 하기 위해 변신자재자의 가면을 착용할 수 있다."[36]라는 말에 대입해 보면, 두 마리 요괴처럼 화담도 '변신자재자'이기도 하다.

### ⑦ 장난꾸러기(익살꾼, Trickster)

㉮ 초랭이(유해진 분) : 전우치 곁에 늘 붙어 다니며 희극적 성격의 보조 역할을 하는 캐릭터이다. 초랭이는 본래 '개(동물)'이다. 도술의 힘을 빌어 사람 행세를 한다. 투덜거리고 토를 달 때가 많지만, 결국에는 전우치의 말을 잘 따르는 순응파이다. 가끔 본능을 주체하지 못하지만, 곧 이성을 되찾으려고 노력하는 캐릭터이다. 진짜 사람이 되고 싶어 하는 욕구 때문에 제3막에서는 전우치를 위기로 몰아넣는다.

크리스토퍼 보글러가 언급한 "자유자재의 변신은 정신적 스승이나 장난꾸러기와 같은 다른 원형의 본질적 속성이기도 하다."[37]에 대입해 보면, 익살꾼 초랭이는 '변신자재자'이기도 하다.

㉯ 여배우(염정화 분) : 여배우는 까칠하고 도도하며 푼수 캐릭터이다. 이것은 초랭이처럼 희화화한 캐릭터이다.

## 2.4. 닫으며

영화 〈전우치〉의 캐릭터는 주인공 전우치, 초랭이, 서인경, 화담, 천관대사, 신선 3명, 여배우 등이다. 제1막부터 후반까지 아홉 명(여배우는 비중은 낮음)이 사건을 이끌어 나간다. 영화 〈전우치〉를 통해 영웅

---

36) 위의 책, 120쪽.
37) 위의 책, 120쪽.

캐릭터 원형은 고착된 것이 아니라, 유연성을 유지하고 있음을 알 수 있었다. 일시적이지만, 하나의 캐릭터가 하나 이상의 원형의 특질을 지니고 있음을 살펴보았다. 영화 〈전우치〉에서의 캐릭터는 고소설 『전우치전』에서와 달리 새로 창조한 캐릭터가 대부분이다. 전우치와 화담의 외면적인 모습만을 수용하여 영화에 걸맞게 재창조한 것이다. 영화에서 전우치는 도술을 사용하려면 부적이 반드시 필요하고, 화담은 본디 요괴이며, 요괴를 다스리고자 만파식적을 찾는 사악한 캐릭터로 그려지고 있다. 이처럼 또 다른 영웅 이야기의 캐릭터를 창조하기 위한 상상력의 지평을 열어 나가자! 한국식 판타지 영화의 가능성은 늘 열려 있다.

  영화 〈전우치〉처럼 우리나라의 많은 고전 문학이 변용을 통하여 대중매체에서 자주 주목받기를 바란다. 지금까지 널리 알려진 『홍길동전』과 『춘향전』보다도 더 많은 인기와 대중의 관심을 이끌어 낼 수 있는 고전 작품은 얼마든지 많다. 문화 콘텐츠 연구자들에 의해 새로운 이야기가 발굴되고, 재해석되어 다양한 콘텐츠화가 이루어져 우리나라가 문화 강국으로 거듭나기를 기대해 본다.

# 3.
# 영화 〈춘향뎐〉과
# 〈방자전〉의 현대적 변용

## 3.1. 펼치며

고소설 『춘향전』[1]을 흔히 "연애담의 백미"[2]라고 말한다. 판소리 〈춘향가〉와 고소설 "『춘향전』만큼 한국인에게 사랑받는 연애담은 찾기 어려울 것이다. 춘향 이야기는 비단 판소리 〈춘향가〉뿐만 아니라 무수한 소설로 세상에 소개되었고 읽혔다. 그리고 시대와 지역을 뛰어넘어 무수한 애독자가 있었다."[3]

---

1) ① 『춘향전』의 소재가 되었을 만한 근원 설화로는 〈열녀설화〉(노신의 이야기), 〈암행어사설화〉(박문수·노신·김우항의 이야기 등), 〈신원설화〉(伸寃說話: 남원 지방 어느 추녀 이야기, 『송남잡식』에 나오는 춘향타령의 유래), 기타 〈염정설화〉 등이 있다. 물론 『춘향전』의 작자는 미상이다. 장덕순, 『이야기 국문학사』, 새문사, 2007, 271쪽 참조.
② 『춘향전』은 천재적인 어느 한 작가의 독창적인 창작품이 작가와 독자의 폭넓은 공감으로 탄생한, 집단의식이 반영된 결과물이라 할 수 있다. 김선아, 『춘향전』, 현암사, 2006, 10쪽 참조.
③ 『춘향전』의 이본은 현재 외국어로 번역된 것까지 합하면 모두 90종이 넘는다. 우리에게는 잘 알려진 것으로는 경판본, 완판본 등의 목판본을 들 수 있고 사본으로는 고대본이 유명하다. 오세정·조현우, 『고전, 대중문화를 엿보다』, 이숲, 2010, 92쪽 참조.
④ 『춘향전』은 이본이 백여 종을 넘으며 제목도 이본에 따라 다르다. 조선 시대 소설의 유통 환경상 이본이 있다는 것이 새삼 새로운 것은 아니지만 『춘향전』만큼 이본에 따른 편차가 심한 작품도 드물다. 송성욱 옮김, 『춘향전』, 민음사, 2006, 255쪽 참조.
2) 한용환, 『소설학 사전』, 고려원, 1996, 309쪽.
3) 오세정·조현우, 앞의 책, 92쪽.

"고소설 『춘향전』을 영상 콘텐츠로 제작한 사례는 우리나라의 영상 제작 역사와 그 시간을 같이한다. 현재까지도 지속적으로 고소설 『춘향전』은 대표적인 콘텐츠 소스로 활용도가 높다. 『춘향전』 속에는 대중적 인지도와 세대를 초월하여 수용자들이 원하는 코드가 담겨 있기 때문에 오랜 시간에 걸쳐 반복적으로 콘텐츠화가 이루어지는 것이다."[4] 춘향 이야기는 현대에 와서도 끊임없이 리메이크하고 있다. 춘향의 애틋한 사랑과 그 사랑을 쟁취하는 과정이 시인과 소설가들에게 문학적 영감과 소재를 제공했고, 영상 매체 시대에 와서는 영화와 텔레비전 드라마로 재탄생하였다. 영화로는 30여 편이다.

2000년에는 한국 영화계의 거장 임권택 감독의 〈춘향뎐〉이 국제 영화 관계자들에게 강렬한 인상을 남겼다. 2005년 KBS는 드라마 〈쾌걸춘향〉를 방영하였다. 이 드라마는 기존의 춘향 이야기에 현대판 사랑 이야기를 덧붙여 고전과 현대가 섞인 이른바 '퓨전드라마'로 세인의 관심을 끌었다. 춘향 이야기의 재생산은 2010년 개봉한 〈방자전〉까지 이어진다. 이 영화에서는 춘향과 이도령 외에 방자를 중심인물로 내세워 세 사람의 욕망을 중심으로 새로운 서사 구조와 갈등을 보여 주었다.[5]

최근 고전을 원형으로 한 현대적 재해석을 통한 콘텐츠화의 추이를 살펴보면, "고전을 원형으로 사용하면서, 원 소스(원천 소재)와는 다르게 만들어 내는 것이 고전을 활용한 콘텐츠화의 성공 비결이자 트렌드"[6]임을 알 수 있다. "영화 〈방자전〉은 이와 같은 트렌드를 적극 반영한 것으로 대중적 호응 또한 높았던 성공적 콘텐츠화 사례 가운데 하

---

4) 신경숙·김지혜, 「고전소스의 스토리텔링기법 연구-드라마 〈향단전〉 분석을 중심으로」, 『한성어문학』 27, 한성어문학회, 2008, 215-216쪽. (김지혜, 「〈방자전〉, 『춘향전』의 현대적 변이」, 『문화콘텐츠와 이야기 담론』, 한국문화사, 2011, 249쪽 재인용.)
5) 오세정·조현우, 앞의 책, 92-93쪽 참조.
6) 신원선, 「한국고전소설의 영상콘텐츠화 성공 방안 연구-영화 〈전우치〉와 〈방자전〉을 중심으로」, 『민족문화논총(民族文化論叢)』 46, 영남대학교 민족문화연구소, 2010, 391쪽. (김지혜, 앞의 논문, 250쪽 재인용.)

나이다."[7]

이처럼 "고전을 활용한 콘텐츠화에서 원작과 전혀 다르게 만들어 내는 것이 요즘의 추세이기는 하지만, 그 가운데 '어떤 부분'을 다르게 만들어 내는지는 콘텐츠 창작자의 역량에 달려 있다. 원 소스가 가진 보편적 이미지를 유지하고, 새로운 콘텐츠가 가진 특수성을 잘 살려 창작해야 원 소스를 활용한(대중에게 어필할 수 있는) 의미가 있는 콘텐츠"[8]로 재탄생할 수 있을 것이다.

이 글에서는 판소리 〈춘향가〉[9]와 고소설 『춘향전』을 원형으로 한 영화 〈춘향뎐〉(임권택 作)과 〈방자전〉의 현대적 변용을 살펴보고자 한다.

## 3.2. 고소설 『춘향전』과 판소리 〈춘향가〉의 서사 구조

### 3.2.1. 고소설 『춘향전』과 판소리 〈춘향가〉의 주제와 의의

판소리 "〈춘향가〉는 여주인공 춘향이 자신을 탐하는 관리의 폭압과 맞서 정절을 수호하는 이야기로 열(烈)[10]을 주제로 한다."[11] 고소설 『춘

---

7) 영화 〈방자전〉은 관객 수 301만 명을 기록하여 2010년 전체 영화 흥행 10위를 기록하였다. (위의 논문, 250쪽 재인용.)
8) 위의 논문, 250쪽.
9) 먼저 춘향 이야기의 원조격이라 할 수 있는 판소리 〈춘향가〉를 살펴보자. 춘향 이야기가 기록상 처음 세상에 알려진 시기는 18세기, 1754년 만화재 유진한이 호남 지방을 유람하고 한시 〈만화본춘향가〉를 남겼다. 이 시는 일종의 공연 관람기 혹은 감상문이라고 할 수 있다. 여기 소개된 〈춘향가〉의 내용은 비록 시로 압축되어 짧지만, 우리에게 알려진 〈춘향가〉와 기본적인 골격이 거의 같다. 유진한이 생존했던 18세기에는 이렇듯 판소리가 크게 성행했는데, 〈춘향가〉를 비롯해서 〈흥보가〉, 〈심청가〉, 〈수궁가〉 등 많은 판소리가 민중뿐만 아니라 양반 계층에도 널리 사랑을 받았다. 오세정·조현우, 앞의 책 95쪽 참조.
10) 설성경은 〈춘향가〉의 서사 구조를 전후 이대 단락으로 나눈다. 전대 단락은 춘향과 이도령의 '결연과 이별'의 단계이며, 전형적 염정 소설이 그 내용을 이루지만, 이별로서 일단 끝나느 있으므로 '실패한 사랑의 이야기'가 내용으로 된다는 것이다. 그런데 후대 단락은 이도령의 출세담과 아울러, 그의 사회 정의 실현의 이야기가 내용을 이룬다는 것이다. 前 단계는 사랑의 좌절의 이야기이지만, 後 단계는 사랑의 성취 이야기라는 것이다. 천이두, 『한의 구조 연구』, 문학과지성사, 1994, 169-170쪽 참조.
11) 오세정·조현우, 앞의 책, 98-99쪽.

향전』의 표면적 주제도 정절 수호이다.

심층 혹은 이면에 함축된 주제가 따로 있음을 부인할 수 없다. 그것은 판소리 〈춘향가〉와 분리하여 생각할 수 없음을 대변하는 것이기도 하다. 판소리 〈춘향가〉의 표면적 주제가 정절의 수호이지만, 그 이면에는 신분 상승의 욕망, 혹은 인간 해방과 같은 주제가 숨어 있음을 누구나 잘 알기 때문이다. 먼저 판소리 〈춘향가〉의 표면적 주제에 대해서 살펴보고자 한다. 작품의 표면적 주제는 '열녀 의식의 고취'라고 할 수 있다. 중세의 질서 이념인 유교 윤리 '열'을 춘향이라는 관기 소생조차 지키고 있다. 그 이면에는 기생의 신분으로 양반집 도령을 사랑할 때 걸림돌이 되는 신분의 차이와 그것을 극복하려는 노력과 정신이 들어 있다. 춘향은 자신의 신분으로는 결코 이룰 수 없는 사랑을 성취하여 신분의 차이를 뛰어넘고자 했던 것이다. 곧 〈춘향가〉에는 '열'이라는 전통적이고 유교적인 윤리가 표면적 주제로 나타나지만, 그 이면에는 주인공이 봉건 사회의 신분적 속박을 벗어 버리고, 근대적인 사랑을 이루고자 하는 작품의 주제 의식으로 형상화하였다.[12] 물론 "춘향의 행위의 궤적을 한의 표상"[13]으로 보는 견해도 있다.

다음은 고소설『춘향전』의 문학사적 의의를 ① 소재의 현실성, ② 배경의 향토성, ③ 표현의 사실성, ④ 성격의 창조성, ⑤ 주체의 저항성 등으로 나누어 살펴보고자 한다.

① '소재의 현실성'이라는 측면에서 보면, "조선 시대의 소설이 대부분 비현실적 세계에서 소재를 취재한 데에 비하여『춘향전』은 당시 사회의 현실적인 생활(흔히 있을 수 있는 일)에서 취재하고 있다."[14] 우리가 소설을 논할 때 '생활의 재현'이라고 한다. 이를 잣대로 삼는다면『춘향

---

12) 위의 책, 99쪽 참조.
13) 천이두, 앞의 책, 168쪽.
14) 장덕순, 앞의 책, 271쪽.

전』은 소설의 본질에 어느 정도 충실했다고 보는 것이 타당할 것이다.

② '배경의 향토성'이라는 측면에서 보면, "조선 시대 대부분 소설이 중국을 배경으로 택하고 있음에 비하여『춘향전』은 남원 지방의 지리적 사실들을 소상하게 표현하여 사건과 인물의 유기적 관계를 맺게 하고 있고, 민속·사조·생활상이 비교적 잘 표현되고 있어 향토 문학으로서의 본령을 발휘하고 있다."[15] 이것은 남원 지방 거주민들의 예술적 삶에서 우러나온 향토성이 잘 녹아들었기 때문이다.

③ '표현의 사실성'이라는 측면에서 보면, "미숙한 대로 장면 묘사·인물 묘사를 비교적 상세하게 시도하고 있다. 이것은 조선 시대 소설이 서술적·설화적·관념적 표현법에 치중한 것에 비해 어느 정도 현실적·사실적 표현"[16]이다. 『춘향전』은 장면과 인물 묘사에 치중한 소설이라는 점을 부정할 수 없다.

④ '성격의 창조성'이라는 측면에서 보면, "『춘향전』에 있어서는 당시의 각 계층을 대표하는 인물들의 성격을 전형적으로 표현하고 있다. 특히 변 사또의 탐관오리나 월매의 이익에 따라 움직이는 인간상의 형용은 성격 창조로서 성공적이다."[17] 이것은 등장인물을 생동하는 인물로 묘사하였다는 말이다. 즉, 인물 중심의 이야기를 전개하였다는 점에서 그 의의를 찾을 수 있다.

⑤ '주체의 저항성'이라는 측면에서 보면, 근본 이유야 무엇이든 춘향이 변 사또에게 끝까지 굽히지 않고 투쟁하며 항변하였음은 민중들의 지배층에 대한 반항 의식의 성장으로 보여진다. 이 점은 실학사상이나 기타 근대정신이 싹트고 대두하기 시작한 당시의 시대정신으로 말미암아 성장하던 서민 의식을 문학적인 면에 반영한 것이다. 시대적

15) 위의 책, 271쪽 참조.
16) 위의 책, 271쪽 참조.
17) 위의 책, 271-272쪽.

으로 매우 주목받은 현상이기도 하다. 이런 점은 또 『춘향전』이 여타의 판소리계 소설들과 공통된 현상으로 겉으로는 '열(烈)'이나 '효', '우애' 등의 양반적 취향을 나타내는 것 같으면서 속으로는 민중적 기질을 저변으로 깔아 지배층에 항거하는 이중 구조를 지닌 작품으로 평가하는 요인이기도 하여, 판소리계 소설로의 확증을 더하여 주기도 한다. 이처럼 『춘향전』은 평면적 구성에 있어서나, 지나친 과장과 생략에서 오는 이야기 전개의 무리 등의 결점이 또한 없는 것은 아니라고 평가할 수 있다. 시대정신을 대표하는 국문 소설의 백미로서 높이 평가받는 작품임이 틀림없다.[18]

### 3.2.2. 고소설 『춘향전』과 판소리 〈춘향가〉의 인물

우리나라의 고소설에 등장하는 주인공들은 대체로 평면적이면서 전형적이다. 이것은 고소설 『춘향전』의 춘향이라는 인물이 열녀라는 점에서 그렇다.[19]

고소설 『춘향전』은 "힘없고 어린 소녀 춘향이 관아에서 모진 매를 맞고 협박을 당하면서도 당당하게 맞서 싸우고 사랑을 쟁취하는 이야기는 '판소리'라는 공연 예술 갈래와 만나 시너지 효과를 내면서 당대나 후대에 지속적으로 사랑받을 수 있었다. 춘향의 이야기가 사람들에게 매력적인 이유는 무엇보다도 서사 문학이 요구하는 기본적인 자질을 충분히 갖추고 있기 때문이다. 매력적인 캐릭터, 사랑에 목숨을 건 지난한 싸움, 약자의 승리가 주는 카타르시스, 서사의 극적인 전개, 독자에게 주는 교훈적 메시지 등을 골고루 갖추고 있"[20]기 때문이다.

---

18) 위의 책, 272쪽 참조.
19) 김용성, 앞의 책, 82쪽 참조.
20) 오세정·조현우, 앞의 책, 97쪽.

특히 "춘향은 우리에게 너무나 매력적인 인물이다. 천상선녀도 울고 갈 아름다운 외모를 지닌 여인이며 연인과의 신의를 목숨처럼 중히 여겨서 지배 권력 앞에서도 의지를 꺾지 않는 강인한 인물이다. 그녀에게는 아름답고 여린 소녀의 모습과 신의와 의지를 지키는 전사의 모습이 공존한다. 또한, 춘향은 남성들의 로망, 성적 판타지를 충족시키는 요부와 현부의 모습을 동시에 지니고 있다. 이도령을 처음 만난 날 밤 곧바로 이어지는 잠자리, 하루가 어떻게 가는 줄도 모르고 즐기는 춘향과 이도령의 성적 유희, 매질과 옥살이도 아랑곳하지 않고 변학도에게 저항하는 대목은 관객과 독자에게 가장 인기 있는 장면이다."[21]

춘향은 "사랑을 수호하고 정절을 지키는 선한 인물이며, 신임 부사는 권력을 남용해 어린 소녀를 겁탈하려는 파렴치한임이 분명하다. 따라서 선을 상징하는 춘향과 악을 상징하는 신임 부사의 대립 구도가 이야기의 핵심 갈등이며 이야기는 권선징악으로 마무리한다고 볼 수 있다. 여기에 덧붙여 춘향은 단순히 정절을 수호하는 인물이 아니라, 낮은 신분에도 당당히 관리에게 자신의 주장을 펴며, 인간 해방이라는 인류 보편적 가치를 역설하는 인물"[22]로 보여지기도 한다.

고소설 『춘향전』과 판소리 〈춘향가〉에서 핵심적인 갈등은 두 차례 나타난다. 첫 번째는 이몽룡과 춘향의 이별이 낳은 갈등 상황이며, 두 번째는 춘향이 본관 부사의 수청 요구를 거부함으로 빚은 갈등 상황이다. 첫 번째 갈등 상황을 간략히 살펴본다. 이몽룡은 춘향과 백년해로를 약속하지만 당장 춘향과 정상적인 혼인을 하지 못하고 내직으로 발령 난 아버지를 따라 상경해야 할 처지에 놓인다. 이도령이 춘향을 데려가지 못하는 이유는 아직 출사하지 않은 미성숙한 처지라는 점을 들 수 있겠지만, 더욱 근본적인 이유는 춘향의 신분 때문이다. 춘향은 관기의 딸

---

21) 위의 책, 97-98쪽.
22) 위의 책, 101-102쪽.

이라는 미천한 신분으로 서울의 명문 양반 집안 자제의 배필이 될 수 없다. 사회·신분적 제약이 두 사람을 갈라놓는다.[23]

춘향과 이도령의 이별 대목에는 신분 격차의 갈등 상황을 실제로 언급한다. '기생 작첩'했다는 소문이 두려운 이도령의 태도, 춘향을 앞에 두고 자신이 양반 신분임을 안타까워하는 비겁한 태도를 볼 수 있다. 처음 본 소녀를 꾀어내어 사랑을 나누고 매일 사랑 타령을 하던 이도령은, 행복한 시절에는 금석 같은 사랑의 맹세를 하고서는 정작 자신의 체면과 사회적 이목 때문에 연인에게 기다림을 강요한다. 합환주에서 이별주로 바뀌는 현실에 대한 책임을 자신에게서 찾지 않고 양반 행실만 운운한다. 물론, 이도령은 춘향과의 재회 약속을 지켰다. 과거에 급제하여 춘향을 데리러 남원으로 내려왔다. 한량 이도령의 무책임한 행동은 한 여성의 운명을 처참한 비극으로 만들 수도 있었다.[24]

두 번째 갈등 상황을 간략히 살펴본다. 이것은 '서사 문학의 갈등'[25] 측면에서 살펴볼 필요성이 있다. 판소리 〈춘향가〉의 갈등은 표면적으로 춘향과 변학도와의 대립으로 나타난다. 미천한 신분의 여린 여성이 본관 부사의 수청을 거부한다. 여성이 정절을 끝까지 수호하느냐, 남성이 여성을 성적으로 정복하느냐가 이 작품의 중심 갈등이다. 이야기의 플롯은 이 같은 갈등을 극으로 치닫게 구성하고 있다. 이도령이 암행어사로 출두하면서 모든 갈등을 해소한다. 춘향은 수절한다. 힘도 없고, 주위의 도움도 없이 옥살이와 매질을 이겨 낸다. 약자인 춘향은 특권 계급의 전횡과 사회적 신분 질서의 모순에 항거함으로써 자아를 실현하고 인간 해방이라는 보편적 가치의 소중함을 역설한다.[26]

• • •
23) 위의 책, 105쪽 참조.
24) 위의 책, 106-107쪽 참조.
25) 서사 문학에서 갈등은 주로 작품의 가치를 실현하는 주인공, 즉 프로파고니스트가 그와 대립, 갈등하는 안타고니스트의 관계에서 형성된다. 위의 책, 98쪽 참조.
26) 위의 책, 98쪽 참조.

## 3.3. 영화 〈춘향뎐〉의 현대적 변용

임권택 감독의 〈춘향뎐〉은 "2000년 소리와 영상을 조합하는 창의적인 시각으로 〈춘향뎐〉을 제작함으로써 한국 영화사에서 최초로 칸영화제 장편 부분에 초청받았고, 한국적 담화와 리듬을 아름다운 영상과 조합했다는 평가를 받았으나 역시 흥행에서는 성공하지 못했다."[27]

이 영화가 흥행에 실패한 이유는 아마도 상업 영화의 일반적인 틀을 파괴했기 때문일 것이다. 다시 말하면, 이 영화는 파격적인 실험 영화였기에 흥행에 실패한 것이다. 판소리를 직접 영화 속으로 끌어들여 중심인물은 물론이고 주변 인물들의 행동과 판소리가 일치하도록 치밀하게 계산하여 조합했기 때문이다. 판소리 한 박자 한 박자와 영상과의 일치가 매우 인상적이다. 그 대표적인 예는 춘향과 이몽룡이 이별하는 슬픈 장면, 방자가 그네 타는 춘향을 향하여 쾌활하게 걸어가는 장면, 포졸 2명이 춘향을 변 사또에게 데려가기 위해 씩씩하게 걸어가는 장면을 들 수 있다.

임권택 감독 〈춘향뎐〉을 두고 한마디로 '판소리와 영화가 결합한 한국적 미학을 추구한 영화'라고 말한다면 무리일까? 개봉 당시 영화 속에 판소리를 도입했다는 점에서 관객들에게 매우 신선한 충격을 안겨다 주었다. 그것은 영화의 형식이 이전과는 달리 너무나 새로웠기 때문이다. 더 자세히 말하자면, 이 영화에서 판소리가 매우 중요한 기능을 하도록 장치해 놓았기 때문이다. 이에 대해 임권택 감독은 김종회 평론가와의 인터뷰에서 "조상현 씨의 소리로 완창을 들으면서 알고 보니, 그때까지 〈춘향전〉이 14편의 영화로 나왔는데 감독들이 한 번도 〈춘향전〉 완창을 들은 적이 없다는 것"[28]을 강조하면서 다음과 같이 말하였다.

...

27) 김종회, 『대중문화와 영웅신화』, 문학수첩, 2010, 113쪽.
28) 위의 책, 134쪽.

우리 판소리에 깊은 이해 없이는 이 영화의 깊은 맛을 알기 어려울 것입니다. 판소리라는 예술 형식에 대한 자각과 더불어, 적어도 판소리로 된 〈춘향전〉이나 〈심청전〉의 완창을 한 번이라도 들어보고 영화를 시작해야겠다고 생각했습니다. 완창을 듣자면 대여섯 시간이 걸리니 이 또한 쉬운 일은 아닙니다.

조상현 씨의 소리로 완창을 들으면서 알고 보니, 그때까지 〈춘향전〉이 14편의 영화로 나왔는데 감독들이 한 번도 〈춘향전〉 완창을 들은 적이 없다는 것이었습니다. 뻔히 아는 줄거리를 판소리로 들으니, 그것이 엄청난 감흥으로 다가왔습니다. 그래서 그 소리의 감동과 동영상의 필름이 만나, 〈춘향전〉이란 이야기를 전혀 새롭게 꾸밀 수 없겠는가를 생각하고 또 생각해 보았던 것입니다.[29]

임권택 감독은 "미국의 한 저명한 교수가 〈춘향뎐〉을 두고 영국의 셰익스피어에 비유하면서, 이 작품이 이제 세계인의 문화 공유물이 되었다고 말했습니다. 나는 영화를 하는 보람이 이런 것이구나 하고 생각했습니다. 내가 〈춘향전〉을 창작하거나 판소리를 작곡한 것은 아니지만, 우리의 문화 자산을 영화에 담아 세계인의 눈앞에 내놓을 수 있는 것이구나 싶었습니다."[30]라고 말하기도 했다.

임권택 감독 〈춘향뎐〉은 우리에게 너무도 익숙했던 춘향을 새로운 각도에서 조명하고 영화화한 작품이다. 그 새로운 각도라는 것이 고소설 『춘향전』의 재해석이 아니라, 판소리 〈춘향가〉의 재해석이라고 보면 타당하다. 이것은 판소리 〈춘향가〉에 뼈대를 이루고 있는 춘향 이야기를 과거의 한마당 소리의 공간에서 현대의 극장이라는 공간으로 끌어온 것이다. 옛이야기(사건)를 판소리 속의 액자 형태로 영화화함으로써 오늘날의 이야기로 변형해 놓았다.

---

29) 위의 책, 134쪽 참조.
30) 위의 책, 135쪽.

새로운 이야기의 뼈대는 춘향이라는 인물을 통해 신분 차별을 넘어서는 사랑 이야기이지만, 그 뼈대를 둘러싼 핏줄에는 민중적 정서를 담아 놓았다. 다시 말하면, 춘향 이야기는 새롭지 않지만, 그 이야기와 판소리가 결합하여 영화로 표현하는 방식은 새로운 것이다.

특히 민중적 저항 표현 방식에 대해 임권택 감독은 김종회 평론가와의 인터뷰에서 "그 저항의 방식에 대해서는 '영화 속의 대사를 활용'[31] 했습니다. 이몽룡이 변 사또를 징치한 후 이송하려 할 때 묻지요. 외도를 하려는 건 이해할 수 있는데 그렇게까지 가혹하게 여자를 가지려 했느냐는 질문에, 그 여자는 국가의 기강에 저항한 민중의 대변자인 셈이지요. 이몽룡은 다시 여기에 인본주의적 발언을 더하여서, 그것이 어떤 인간적 모멸감에 대한 저항이라고 생각하지 않느냐고 반문합니다."[32]라고 말하였다.

앞에서 언급한 것을 다시 언급해 보면, 고소설『춘향전』과 판소리〈춘향가〉에서 핵심적인 갈등은 두 차례 나타난다. "첫 번째는 이몽룡과 춘향의 이별이 낳은 갈등 상황이며, 두 번째는 춘향이 본관 부사의 수청 요구를 거부함으로 빚은 갈등 상황이다."[33] 영화〈춘향뎐〉은 판소리〈춘향가〉를 원형으로 하여 액자 형식으로 영화 속으로 끌어온 것이라서 핵심적인 갈등을 그대로 수용하였다.

여기서 영화〈춘향뎐〉에서 춘향과 이도령이 헤어지는 슬픈 장면과

• • •

31) 영화 속 대사에 민중적 저항과 인본주의적인 표현이 장치되어 있다. 이몽룡이 변학도를 징치한 후, "이색을 탐하는 것은 영웅 열사 일반이오만, 수청 거절 괴씸죄를 그리 가하게 다스렸소?"라고 하자, 변학도가 "사농공상 엄연한 질서가 있거늘 애미의 신분을 좇아 기생이 되고 종놈이 되는 종모법을 아니라 하니, 이는 나를 향한 발악이 아니라, 이 나라의 근본을 부정하는 국사범이 다름 아닐 것이오."라고 한다. 다시 이몽룡이 "그것이 당신의 지나친 폭압에 대한 사람이고자 하는 의지였다고 생각지 않으시요?"라고 반문한다. 이몽룡의 입을 통해 민중적 저항과 인본주의적인 표현을 관객을 향해 토해 낸 것이다. 신기용, 『문학적 상상력과 성찰의 지평』, 도서출판 문장21, 2015, 43-44쪽.
32) 김종회, 앞의 책, 133쪽.
33) 오세정·조현우, 앞의 책, 105쪽.

판소리〈춘향가〉의 같은 대목을 겹쳐 놓고 갈등 상황을 읽어 볼 필요성이 있을 것 같다.

"속 모르면 말 말라니 그 속이 잠 속이요, 꿈속이요. 말을 허오. 말을 허오. 답답하여 못 살것소."
도련님이 그제아 말을 허되, "사또께서 동부승지 당상하야 내직으로 올라가시게 되었단다. 그리허여 나는 내일 내향 뫼시고 올라가라 허니 이를 장차 어쩔거나?"
"흥! 도련님댁은 경사났소그려. 절다려 가자 허면 아니나 갈까 하고 미리 방파막기로 우시는구려. 여필종부라니, 천리라도 따러가고 만리라도 따러가지요."
"아이고, 그 말이 사람 많이 상할 말이로구나. 너를 데려가게 생겼으면 이리 허겠느냐? 내아에 들어가서 니 사정 품고허니, 미장전 아해가 보모 골따라와 기생작첩허였단 소문이 원근에 낭자허면, 사당 참례도 못허고, 과거 한 장 못해 보고 노도령으로 늙어 죽는다 하니, 아무리 생각허여도 후기를 둘 수밖에 없다."
"아이고, 도련님! 날 볼 날이 몇 날이며, 날 볼 밤이 몇 밤이요? 도련님은 올라가면, 명문 귀족 재상가의 요조숙녀 정실 얻고, 소년 급제 입신양면 청운을 높이 올라 주야 호강 기내 실적, 천리 남원 천첩이야 요만큼이나 생각허리. 아이고, 내 신세야, 내 팔자야."
"오냐, 춘향아, 울지 마라. 원수가 원수가 아니라 양반 행실이 원수로구나. 너와 나와 만날 때는 합환주를 먹었거니와, 오늘날 이별주가 웬일이냐?"[34]

영화〈춘향뎐〉은 고소설『춘향전』과 판소리〈춘향가〉에서 나타나는 수청 거부 갈등 상황을 부각하였다. "춘향이 수청을 거부한 이유가 사랑하는 이도령 때문이라고 보는 것은 시대적 상황을 고려하든, 텍스트

---

34) 위의 책, 105-106쪽.

자체를 놓고 보든 타당하다. 춘향은 이도령에게 몸을 허락했고 이미 마음속으로 이도령을 지아비로 삼았다. 춘향은 '열녀는 두 남자를 섬기지 않는다.'라는 열녀불경이부의 윤리 덕목을 내세우며 신임 부사에게 자신의 뜻을 굽히지 않는다. 그런데 신임 부사는 춘향의 말을 인정하지 않는다. 당대에서 신임 부사의 수청을 거부했다면, 그녀를 자신의 신분상 제약을 부정하고 권력과 제도에 맞선 혁명가로 볼 수도 있"[35)]을 것이다.

영화 〈춘향뎐〉에서 분명한 것은 이몽룡과 춘향이 정식 혼례를 올리지는 않았지만, 서로 사랑하고 혼인의 가약을 맺었고, 이도령이 춘향을 버려 두고 혼자 상경했다. 이몽룡이 마지막에는 그 사랑의 가약을 지키고 해피 엔딩으로 끝을 맺는다. 이팔청춘의 정사 장면에 관해 그 어느 고소설 『춘향전』 이본과 판소리보다도 노골적으로 묘사하였다는 평가를 받았다.

## 3.4. 영화 〈방자전〉으로 현대적 변용

우리나라 고소설을 분류할 때 '방자형(房子型) 소설'[36)]이라는 용어가 있다. 개화기 소설의 주변 인물로 등장하는 악비(惡婢)와 충비(忠婢)가 욕망 주체자의 중재자 역할(중재 작용)을 충실히 해내고 있음을 강조하기 위한 용어이다. 이런 '중재 작용'을 대표하는 인물이 『춘향전』의 '방자'이기 때문에 생긴 용어이기도 하다. 고소설 『춘향전』에서 방자는 충비형(忠婢型)[37)]의 인물이다. 방자는 주인공인 이몽룡의 욕망을 충족하

---

35) 위의 책, 104-105쪽.
36) 조남현, 「소설원론」, 고려원, 1996, 123쪽.
37) 방자와 같은 충비형(忠婢型)의 인물은 주인공인 상전의 욕망이 충족되는 과정에서 본질적인 역할을 맡기도 한다. 위의 책, 123-124쪽 참조.

는 과정에서 중재자로서 역할을 충실히 다한 인물이다.

영화 〈방자전〉에서 '방자'는 중재자가 아닌 욕망 주체자이다. 즉, 주변 인물이 아니라 주인공이다. 또한, 충비도 아니다. 그야말로 '방자'는 신분제을 해체한 현대적 인물로 재해석하고 재창조한 캐릭터이다.

따라서 고소설『춘향전』을 현대적으로 변용한 영화 〈방자전〉의 인물을 중심으로 하여 보편성과 특수성을 살펴보고자 한다.

### 3.4.1. 영화 〈방자전〉에 수용된 고소설『춘향전』의 보편성

먼저 고소설『춘향전』과 영화 〈방자전〉 인물을 비교해 볼 필요성이 있다. 고소설『춘향전』에서는 춘향과 몽룡의 사랑 이야기를 주축으로 하여 향단과 방자가 중재자(조력자) 역할을 하고, 변학도가 방해자 역할을 하는 인물 구조이다. 영화 〈방자전〉에서는 춘향과 방자의 사랑 이야기를 주축으로 하여 변학도와 함께 향단과 몽룡도 방해자 역할을 담당하는 인물 구조이다.

영화 〈방자전〉에 수용한 고소설『춘향전』의 보편성을 세 가지 측면에서 살펴보려고 한다.

첫 번째 보편성은 인물의 이름을 그대로 수용한 것이다. 이들 다섯 명의 인물은 작품의 서사를 이끌어 가는 데 주요한 인물이다. 그 인물의 이름이 모두 같다. 더불어 춘향의 어머니인 월매도 같은 이름과 같은 역할(춘향의 어머니)로 등장한다.[38] 이처럼 영화 〈방자전〉은 고소설『춘향전』의 이름을 그대로 차용 혹은 수용했다.

두 번째 보편성은 적대자[39] 변학도라는 인물 수용이다. 고소설『춘향

---
38) 김지혜, 앞의 논문, 251-252쪽 참조.
39) 고소설은 선악을 대비적으로 나타내는 대명사로 사용된다. 예를 들어『흥부전』에서 흥부는 선한 인물, 놀부는 악한 인물의 대표적 인물로 지칭되는 것과 같다. 위의 논문, 252쪽 참조.

전』에서 대표적 악인 이미지를 가진 인물이 바로 '변학도'이다. 변학도는 춘향과 몽룡의 사랑이 이루어지는 데 방해하고 춘향을 모질게 괴롭히는 악인으로 표현하고 있다. 영화 〈방자전〉에서 그 방식은 다르지만, 변학도가 남녀 주인공의 사랑에 방해자이다.[40]

이것은 고소설『춘향전』의 악인을 영화 〈방자전〉에도 그대로 차용 혹은 수용한 것으로 고소설『춘향전』의 보편성이 그대로 녹아 있음을 대변하고 있는 것이다.

세 번째는 여주인공이 춘향인 것과 이야기의 최종 목적이 춘향과 남자 주인공과의 사랑의 완성이라는 서사 구조의 수용이다. 고소설『춘향전』과 영화 〈방자전〉의 남자 주인공은 다르지만, 둘 다 여주인공은 '춘향'이라는 점이 같다. 물론 영화 〈방자전〉에선 타이틀 롤을 맡은 '방자'의 비중이 좀 더 높기는 하지만, 여주인공으로서 '춘향'의 비중이 적다고 볼 수는 없다. 즉, 여주인공으로서 '춘향'이 가진 역할과 그 비중은 영화 〈방자전〉에도 오롯이 수용하여 보편성을 유지한다. 더불어 여주인공 '춘향'이 방해자들을 물리치고 남자 주인공과 사랑을 이루는 것이 서사의 주요 골자인 점도 영화 〈방자전〉에 그대로 수용한 것이다.[41]

마지막 장면에서 방자가 춘향을 업고 〈사랑가〉를 부르는 장면은 판소리 〈춘향가〉와 영화 〈춘향뎐〉과의 나름대로 연관성을 이어 놓는 장치라 볼 수 있다. 영화 〈방자전〉의 마지막 장면과 영화 〈춘향뎐〉에서의 사랑가로 노는 장면을 연상하면서 단중몰이의 〈사랑가〉를 감상해 볼 필요성이 있을 것 같다.

"사랑 사랑 내 사랑이야. 어헝둥둥 내 사랑이지야. 이리 보아도 내 사랑. 저리 보아도 내 사랑. 우리 둘이 사랑타가 생사가 유슈되어 한번 아차 죽어지면

⋯
40) 위의 논문, 252쪽 참조.
41) 위의 논문, 252쪽 참조.

너의 혼은 꽃이 되고 나의 넋은 나비되어 이삼월 춘풍시에 네 꽃송이를 덥벅 안고 두 날개를 쩍 벌리고 너울너울 춤추거든 네가 나인 줄을 알려무나."[42]

### 3.4.2. 고소설『춘향전』을 변형한〈방자전〉의 특수성

영화〈방자전〉이 고소설 "『춘향전』을 그대로 차용하여 원 소스가 가진 보편성을 유지하고자 한 점이 두드러졌다. 고소설『춘향전』을 변형하여 영화〈방자전〉만이 가진 서사적 특수성을 발현한 부분도 충분히 발견할 수 있다. 이는 영화〈방자전〉이『춘향전』의 서사를 변형하여 영화〈방자전〉의 서사로 창작"[43]했기 때문이다.

고소설『춘향전』을 변형하여 만들어진〈방자전〉의 특수성은 두 가지 측면에서 살펴보고자 한다.

첫 번째는 남자 주인공의 교체이다. 영화〈방자전〉에서 남자 주인공은 몽룡의 하인인 '방자'로 바뀌었다. 원 소스 주인공의 주변 인물을 새로운 주인공으로 하여 콘텐츠를 만드는 것은 원 소스를 활용한 콘텐츠 제작 기법 가운데 하나이다. 이렇게 주변 인물을 주인공으로 대체시켜 만든 콘텐츠가 얻는 효과는 무엇일까? 먼저 수용자의 호기심 자극이다. 고소설『춘향전』을 아는 사람이라면 '방자'는 조금은 촐싹대지만, 주인에게 충성스러운 인물이다. '방자'처럼 단편적인 인물을 주인공으로 변신시킴으로써 보다 입체적인 성격으로 구조화함은 물론, 주변 인물 중심의 새로운 이야기를 형성해 나갈 수 있다. 이에 콘텐츠의 수용자는 호기심을 가지게 되고 그 콘텐츠는 특수성을 가진 상품으로 변모할 수 있다. 주변 인물에 대한 새로운 창작물의 결과가 의외성이 높을수록 수용

---

42) 이국자,『판소리 예술미학』, 나남, 1989, 301-302쪽.
43) 김지혜, 앞의 논문, 253쪽.

자는 더 많은 재미를 느낀다. 고소설의 인물은 정형성과 평면적 성격을 가지는 것이 특징이다. 주인공이 아닌 인물은 주인공보다 더욱 평면적으로 그려질 수밖에 없다. 원 소스의 이런 인물을 주인공으로 내세워 콘텐츠를 만들면, 원 소스에서 보여지지 않은 부분을 창작자 마음대로 그릴 수 있다. 창작할 수 있는 여백이 넓다는 의미이다. 고소설『춘향전』을 알고 있는 독자가 생각하는 '춘향'의 모습은 정형화되어 있다. 이런 춘향을 주인공으로 하여 콘텐츠를 만들 때 일부만 변형한다면 수용자는 원 소스와 유사한 콘텐츠라고 여길 수도 있다. 반대로 많은 변형을 가한다면 수용자는 원 소스와 전혀 다른 콘텐츠라고 여길 수도 있다. 다시 말하면, 주인공을 그대로 차용하여 콘텐츠를 만든다면 창작자가 짊어져야 할 부담이 크다. 그런데 주변부의 작은 인물을 주인공으로 내세워 입체적인 캐릭터를 가진 주인공으로 만들면 독자는 익숙함 가운데에서 새로움에 재미를 느낄 수 있다. 영화 〈방자전〉은 이와 같은 요소를 적극 활용한 사례이다.[44]

　영화 〈방자전〉이 가진 두 번째 특수성은 방해자의 증가에 있다. 고소설『춘향전』에서 두 주인공의 사랑을 방해하는 것은 오직 변학도라는 인물에만 그쳤었다. 변학도의 등장으로 인해 시련이 닥치지만, 이를 타개하고 둘의 사랑을 이룬다. 영화 〈방자전〉에서는 변학도뿐만 아니라 향단과 몽룡도 남녀 주인공의 방해자로 변형했다. 오히려 변학도의 방해는 고소설『춘향전』보다 작은 부분에 해당한다. 둘의 사랑을 적극적으로 훼방한 것은 몽룡과 향단이다. 몽룡은 자신의 권위를 위해, 향단은 자신이 사랑하는 방자를 위해서라는 각각의 다른 이유를 가지고 둘은 영화 〈방자전〉의 주요한 방해자이다. 둘은 방해를 위해 힘을 합치기까지 하는 모습을 보여 준다. 이렇게 방해자기 늘어나는 것은 왜일까? 먼

---

44) 위의 논문, 253-254쪽 참조.

저 남녀 주인공의 사랑을 보다 극적으로 표현하기 위한 장치라고 볼 수 있다. 사랑에 장애물이 많을수록 그 사랑은 보다 애틋하고 극적인 느낌을 준다. 고소설 『춘향전』에서 몽룡과 춘향의 사랑이 이루어지기 어려운 가장 큰 이유는 신분의 차이 때문이다. 영화 〈방자전〉에서 방자가 남자 주인공으로 바뀌면서 신분의 차이는 남녀 주인공의 사랑에 큰 장애 요인이 아니다. 영화 〈방자전〉의 감독은 이를 몽룡과 향단으로 상정한 것이다. 주변부 인물의 캐릭터를 강화하기 위해서이다. 보통 선인과 악인 가운데 그 캐릭터가 강하게 강조되는 것은 악인에 있다. 서사의 반전을 이끄는 악인이 어떤 성격을 가지고 어떻게 행동하는지에 따라 이야기의 긴장감과 재미를 준다. 고소설 『춘향전』의 선인에 속했던 향단과 몽룡이 방해자로서 악인형 인물로 그려지면서 그 캐릭터는 보다 입체적이고 생동감 있게 만들어졌다. 이를 통해 수용자에게 재미를 더해 준다.[45]

### 3.4.3. 시나리오 콘텐츠로서 영화 〈방자전〉에 설정된 특성

영화 〈방자전〉은 고소설 『춘향전』을 바탕으로 하여 만들어졌다. 이 글에서 영화 〈방자전〉의 특성을 '코믹한 인물의 삽입'과 '섹슈얼리티의 적극적 활용'이라는 두 가지 측면에서 살펴보고자 한다.

첫 번째 '코믹한 인물의 삽입'이다. "'웃음'을 주는 인물은 이야기의 큰 줄거리 가운데 자칫 무겁기만 할 수 있는 부분을 줄이고 수용자에게 재미를 주기 위함이다. 영화 〈방자전〉에서 이와 같은 인물은 '마영감'과 '변학도'에 있다."[46] 이 두 인물 중 '마영감'은 고소설 『춘향전』에서는 비슷한 인물조차도 없는 새로 창조한 인물이다. 영화 〈방자전〉에서 '마영

---
45) 위의 논문, 254-255쪽 참조.
46) 위의 논문, 256쪽.

감'은 방자와 함께 지내는 노인으로 묻어 오리는 기술을 가지고 있어서 그 일을 전담하고 있다. 마영감은 방자에게 춘향을 꼬실 수 있는 기술을 가르쳐 준다. 단순히 방자의 성격을 변하게 하는 역할만을 했다면 마영감은 조력자의 역할로만 그칠 수 있다. 마영감이 펼치는 노력은 남녀의 만남과 성과 관련한 내용으로 코믹하다. 자칫 야한 이야기들이 저질스럽게 들릴 수도 있지만, 수용자가 웃을 수 있는 분위기를 충분히 조성했다고 평가해 본다.[47]

영화 〈방자전〉에서의 '변학도'는 고소설 『춘향전』의 변학도와 같은 인물이다. 영화 〈방자전〉에서는 보다 솔직하고 코믹한 인물로 그리고 있다. 변학도는 등장인물 가운데 유일하게 전라도 사투리를 쓰면서 처음 등장할 때부터 특유의 말투로 웃음을 준다. 의뭉스러우면서도 느릿한 말투 가운데 드러나는 변학도의 변태적인 성향은 수용자에게 더 큰 웃음을 준다. 이 두 인물은 〈방자전〉에서만 볼 수 있는 코믹한 인물로 영화 〈방자전〉을 상영할 당시 영화의 흥행에 큰 견인차 역할을 했다.[48]

두 번째로 '섹슈얼리티의 적극적 활용'이다. 영화 콘텐츠의 경우 관람할 수 있는 관객 대상의 폭은 영화 흥행을 좌우하게 한다. 특히 청소년 관람 불가 영화의 경우 청소년 이하의 관객이 소비할 수 없다는 점, 성인들의 경우 영화관에서는 잘 보지 않는 점 등 때문에 흥행하기 어렵다고 여겨진다. 수용자 대상의 폭을 처음부터 성인으로 한정하고 그 대상에 맞추어 콘텐츠를 제작하고 홍보 마케팅에서도 적극 활용한다면 콘텐츠를 성공으로 이끌 수 있다.[49]

영화 〈방자전〉은 '청소년 관람 불가' 등급이다. 영화 가운데 남녀의 정사 장면이 수차례 등장하기 때문이다. 영화 〈방자전〉에 만들어진 코

---

47) 위의 논문, 256-257쪽 참조.
48) 위의 논문, 257쪽 참조.
49) 위의 논문, 257쪽 참조.

밀한 인물인 마영감과 변학도 이 성적 코드를 다분히 활용한 인물이다. 이렇게 콘텐츠의 내적 구성에 섹슈얼리티를 적극 삽입한 가운데 영화의 홍보에도 이를 적극 활용했다.[50] 이에 더하여 향단도 이 성적 코드에 초점이 맞춰져 있기도 하다.

영화 〈방자전〉에서의 성적 코드라는 측면에서 보면, 마영감의 존재가치가 명확하다. 마영감은 방자에게 '뒤에서 보기'라는 가르침을 주는 장면이 성적 상상력을 발휘하게 만든다. 이 '뒤에서 보기'는 방자가 춘향과 은밀한 관계로 진전하는 데 결정적인 역할을 한다. 한편, 이 '뒤에서 보기'에 춘향의 어미 월매와 이모도 과거에 당했음을 암시하는 장면에서도 여러 성적 상상력을 발휘할 수 있게 여운을 남겨 놓았다.

변학도 역시 성적 코드라는 측면에서 보면, 몽룡과 술자리에서 자신이 과거에 응시한 것은 더 많은 여자와 잠을 자기 위한 것이라며 노골적으로 성적 표현을 한다. 변학도는 손으로 성적 표현을 하기도 하면서 오로지 여자에게만 흥미가 있고 다른 것에는 흥미가 없다고 고백한다. 나아가 춘향과 같이 특이한 여자를 좋아한다고 자신의 취향을 말하기도 한다. 이러한 장면은 현대의 권력자들을 향한 비틀기로 해석할 수도 있다.

영화 〈방자전〉의 주요 인물들은 성적 코드에 맞춰진 인물로서 과거성의 감춤보다는 현대의 드러냄에 초점을 맞춘 현대적 노출 신을 강조한 영화임이 틀림없다.

・・・
50) 위의 논문, 257-258쪽 참조.

## 3.5. 닫으며

이 글에서 고소설『춘향전』과 판소리 〈춘향가〉를 활용한 다양한 콘텐츠화 사례 가운데 영화 〈춘향뎐〉과 〈방자전〉을 대상으로 살펴보았다.

임권택 감독 〈춘향뎐〉은 비록 흥행에는 성공하지 못했지만, 판소리 〈춘향가〉의 재해석으로 영화 콘텐츠화하여 예술성을 한층 더 높인 작품으로 평가받고 있다. 춘향 이야기를 과거의 한마당 소리의 공간에서 현대의 극장이라는 공간으로 끌어온 것 자체가 창조적이다.

영화 〈방자전〉은 "원작『춘향전』의 기본 서사를 그대로 가져오되, 주인공의 변형, 방해자의 증가, 코믹한 인물의 삽입, 섹슈얼리티 어필이라는 요소를 가미하였다. 이로 인해 성공한 콘텐츠이다. 고전을 활용한 콘텐츠 사례 가운데 활용 가능한 요소들을 잘 집약한 사례이다. 고전을 활용한 콘텐츠의 사례는 이보다 더 다양한 장르에 분포되어 있다."[51]

이처럼, "춘향의 이야기가 시대를 가로질러 대중적 관심의 대상이 된 이유는 무엇일까? 거기에는 우리 문화에서 하나의 전형이 된 '춘향'이라는 인물이 보여 주는 매력적인 면모도 한몫을 하겠지만, 동서고금을 통틀어 남녀 간의 사랑을 주제로 한 이야기, 그것도 위대한 사랑의 이야기에 대중이 탐닉하는 것은 그리 놀라운 일이 아니다."[52]

현대 사회에서는 봉건적 신분제를 완전히 해체하였지만, 또 다른 신분과 계층이 존재한다. 이 때문에 민초라고 일컬어지는 하층민은 지배층이라고 일컬어지는 상층을 지향하기 마련이다. 이 세상에는 완전한 신분제 해체는 존재할 수 없음을 우리 인간이 알고 있는 한 춘향 이야기와 같은 신분 갈등은 늘 존재할 것이다.

----

51) 위의 논문, 259쪽 참조.
52) 오세정·조현우, 앞의 책, 93-94쪽.

이 글을 통해 판소리 〈춘향가〉와 고소설 『춘향전』을 원형으로 한 문화 콘텐츠의 다양화로 세계의 문화를 주도해 나갈 수 있는 또 다른 방법을 모색할 단계에 이르렀음이 확실하다.

# 4.
# 영화 〈장화, 홍련〉의 한국적 공포 스토리텔링
- 〈아랑각 전설〉과 고소설 『장화홍련전』의 현대적 변용

## 4.1. 펼치며

2003년에 상영한 영화 〈장화, 홍련〉[1]은 "2000년대 한국 공포 영화사의 위대한 성공 사례[2]로 대표되는 작품"[3]으로 정평이 나 있다. 1924년부터 고소설 『장화홍련전』을 새로운 시각으로 해석하고 변주하여 영화화[4]하기 시작했다.

---

1) 서울 관객 수 101만 명과 전국 314만 명의 관객 동원을 기록하면서 '공포 영화로 300만 관객 동원도 가능하다.'라는 인식을 확립시켰다. 김해미, 「영화 〈장화, 홍련〉의 공포 표현에 관한 연구 : 줄리아 크리스테바의 이론을 중심으로」 학위논문(석사), 홍익대학교 영상대학원 프로덕션디자인전공, 2010, 40쪽 참조.
2) 제작사 측은 〈장화, 홍련〉의 흥행 비결이 당시 주관객층인 20대 여성이 86%를 차지하고 10대 여성들이 전체 관객의 17%에 달할 정도로 많기 때문이라고 분석했다. 대부분의 공포 영화는 20~30대가 주관객층이지만 영화 〈장화, 홍련〉에는 여고생과 여중생이 몰리면서 흥행에 성공했다는 것이다. 내용 면에서 성장에 대한 두려움, 가정 붕괴에 따른 계모와의 갈등 등 10대 소녀들이 안고 있는 이야기를 담아내어 화려한 문양과 세트 색감 다양한 상징과 강렬한 효과음 등으로 공포감을 증폭시킨 것이 관객을 끌어들일 수 있었다고 한다. 위의 논문, 42쪽 참조.
3) 이현진, 「동일한 원작 설화를 반복 재현한 공포 영화에서의 공포 유도 요소 비교 연구 : 〈장화홍련전〉을 중심으로」 학위논문(석사), 영남대학교 대학원 언론정보 언론정보학, 2013, 39쪽.
4) ① 영화 〈장화, 홍련〉은 제목을 통해 암시하고 있듯이 1924년부터 1972년까지 총 다섯 차례에 걸쳐 영화화된 바 있다. 임우정, 「공포와 죄의식의 이중주 : 〈장화, 홍련〉, 〈거미숲〉, 〈소름〉을 중심으로」, 『문학과 영상』 겨울호 2010, 745-746쪽 참조.
② 1972년에 제작된 영화 〈장화홍련전〉은 이전 영화들이 채택했던 설화 〈장화홍련전〉에 드러난 슬픔의 정서를 뒤로 하고 처음으로 괴기적 요소를 전면에 내세운 작품으로 머리 풀고 소복 입은 여자 귀신을 주요한 흥행 요소로 내세우고 있다. 이현진, 앞의 논문, 79쪽 참조.

영화 〈장화, 홍련〉은 김지운 감독이 권선징악을 내용으로 하는 원작 고소설 『장화홍련전』을 현대 배경으로 재해석하여 연출한 영화로 한국 공포 영화에서 가장 눈에 띄는 소재인 가족 내의 비극과 여성적인 욕망을 보여 준다. 영화 〈장화, 홍련〉은 아름다운 두 자매 임수정과 문근영이 새엄마 염정아와 아버지 김갑수가 사는 집에 오면서 벌어지는 이야기를 담고 있다. 무서운 일들을 통해 가족 관계에 깃든 비밀과 공포가 드러난다는 내용으로 공포의 근원에 더 집중하고, 그 과정으로 이끌어가는 전개가 돋보인다.[5] "최근 몇 년간 공포 영화 장르를 중심으로 '고전 문학 작품의 영화화 작업이 두드러지게 나타나[6]고 있다."[7]

이것은 현대 상업 영화에서 '고전'은 무한한 가능성을 지닌 보고(寶庫)이기 때문이다. 또한, 영화의 소재를 다양화하기 위해 '고전 문학' 수용은 익숙함을 가장한 참신함이라는 양면성으로 대중에게 어필할 수 있는 가장 훌륭한 소재적 원천으로서 역할을 담당하고 있기 때문이다. 나아가 '고전 문학'의 영화화 작업은 일반적인 문학의 영화화 작업과는 다소 차이를 보인다. 텍스트 자체의 직접 수용이기보다는 원천 서사가 지닌 '이미지'의 수용이라고 보는 것이 옳다고 여겨진다.[8]

최근 고전 문학을 변용하여 영화화하는 문화 콘텐츠의 대중화가 어느 정도 기틀이 잡혔다는 배경에 힘입어 이 글을 통해 '한국적 공포'[9]를 중심으로 고찰해 보고자 한다.

---

5) 김해미, 앞의 논문, 40쪽 참조.
6) 이것은 2003년 김지운 감독의 〈장화, 홍련〉의 성공 이후 두드러지는 현상이라고도 볼 수 있다. 이런 경향에 힘입어 〈분홍신〉(2005), 〈신데렐라〉(2006), 〈아랑〉(2006), 〈전설의 고향〉(2007), 〈헨젤과 그레텔〉(2007) 등의 적지 않은 작품들이 제작되었다. 이들은 제목에서부터 그 원천 서사가 뚜렷이 드러나고 있는 작품들이라 할 수 있다. 한승훈, 「영화 〈장화, 홍련〉: 한국적 공포-'恨'의 문화가 자아낸 환각」, 『문화콘텐츠와 이야기 담론』, 한국문화사, 2012, 305쪽.
7) 위의 논문, 305쪽.
8) 위의 논문, 301쪽 참조.
9) 최근 공포 영화에서는 귀신의 존재가 실재가 아닌 개인의 환각에 의한 산물로 판명되어 관객이 지닌 귀신에 대한 기대심리와 인식을 전복시키는 경우가 많이 등장한다. 특히 영화 〈분홍신〉과 〈아랑〉에서의 귀신의 존재는 김지운 감독의 〈장화, 홍련〉에서의 귀신과 일부 유사성을 보이고 있다. 위의 논문, 323-324쪽 참조.

이 글의 목적은 고전 〈아랑각 전설〉과 고소설 『장화홍련전』을 원천 서사로 한 영화 〈장화, 홍련〉에 나타난 '한국적 공포 스토리텔링'을 고찰하는 데 목적을 둔다. 2003년에 상영한 영화 〈장화, 홍련〉의 원형 서사인 구전 〈아랑각 전설〉과 고소설 『장화홍련전』의 서사 구조와 유사성을 살펴본 뒤, 영화 〈장화, 홍련〉에서의 '상징적 공포 코라(Chora)[10] 공간'과 '시각적 공포 애브젝트(Abject)'를 통해 한국적 공포 스토리텔링을 분석하는 데 있다. 이를 통해 영화 〈장화, 홍련〉의 원천 서사인 구전 〈아랑각 전설〉 혹은 〈아랑형 전설〉[11]과 고소설 『장화홍련전』 혹은 〈장화홍련형 전설〉이 텍스트의 유사성과 영화로의 변용이 갖는 의미를 찾고자 한다.

### 4.2. 〈아랑각 전설〉과 고소설 『장화홍련전』 유사성

〈아랑각 전설〉과 고소설 『장화홍련전』의 서사 구조 분석을 통해 "이 두 편의 원혼 서사는 조선 중·후기에 퍼진 것으로 현재까지 공포 영화 속 원귀의 근간이 되었다고 할 수 있다. 이 둘의 등장 배경을 살펴본다면 현재까지 우리가 느끼는 '한국적 공포'의 근간"[12]을 만날 수 있다.

〈아랑각 전설〉은 경남 밀양 영남루(嶺南樓)에 얽힌 전설로 『청구야담』에 실려 있다. "윤정옥이라는 처녀가 밀양 태수로 부임하는 아버지

---

10) 코라(chora)는 크리스테바(Kristeva, J.)의 용어이다. 정체성의 명확한 경계를 나누기 이전에 각 개인에게 속하는 정신적인 요소. 크리스테바는 플라톤의 《티마이오스》와 구별 지으면서 단절과 분절로서 분명한 것, 사실임 직한 것, 공간성, 그리고 시간성에 앞선다고 말했다. 또한, 코라 세미오틱(chora semiotic)이라는 용어를 사용하여 기호적 의미 생산의 공간이라는 것도 가리켰다. 국립국어원 《우리말샘》 참조.
11) (이굉형 진실)은 『성늘선천』, 『김인향전』, 『숙영낭자전』, 『장화홍련전』, 『콩쥐팥쥐전』, 『윤낭자전』 등 원혼 모티프를 지닌 고소설과의 관련이 언급되기도 한다. 백문임은 『장화홍련전』, 『김인향전』, 『숙영낭자전』이 〈아랑형〉 계열의 소설로 간주했다. 한승훈, 앞의 논문, 309쪽 참조.
12) 위의 논문, 308-309쪽.

를 따라 밀양에 왔는데, 하루는 영남루에서 달구경을 하다가 통인 백가에게 욕을 보고 죽임을 당"[13]한다는 전설이다. 이와 '유사한 전설'[14]이 우리나라 각 지방에 전한다. 이런 유형의 전설을 〈아랑형 전설〉로 분류한다. 이 전설은 고소설『장화홍련전』과도 밀접한 관련성이 있다. 이『장화홍련전』과 비슷한 유형 전설을 〈장화홍련형 전설〉로 분류하기도 한다. 중국에도 이런 유형의 전설이 허다하다. 그래서 중국에서는 〈해랑전설(解娘傳說)〉이라 일컫는다.

또한, 고소설『장화홍련전』의 내러티브는 장화의 죽음과 관장의 죽음이 주요 축을 이룬다. 그중 "전반부에서 핵심적인 내용은 장화의 죽음이다. 계모에[15] 의해서 전실 자식이 처참하게 죽임을 당"[16]한다는 서사이다. 또한, 환상적인 소설이다. 그 "환상적인 것으로 몰고 가는 핵심적인 부분은 죽은 장화와 홍련이 관장에게 신원을 하기 위해 원귀로 나타나는 장면이다."[17]

이 장면을 두 가지 측면에서 해석할 수 있다. "첫째, 귀신에 의한 관장의 죽음이라는 모티프는 소위 〈아랑형 전설〉이라는 작품들에서 공통적으로 등장하는 내용이라는 점이다."[18] 이것은 "설화적 전통을 이어받았을 가능성이 크다고 해석할 수 있다. 둘째, 죽음이 반복해서 나타난

---

13) 이만기 엮음,『한국대표설화』하권, 도서출판 빛냄, 1997, 215쪽.
14) 강원도 강릉 해랑사의 해랑당에 얽힌 전설도 〈아랑형 전설〉과 유사하다. "해랑당은 시집 못 가고 죽은 처녀를 제사하는 곳이다. 이 해랑과 다른 죽은 총각과 혼인을 시킨다. 아들의 혼백을 장가보낸 과부 어머니는 그 날 밤 어떤 홀애비와 또 다른 인연을 맺는다는 줄거리이다." 이 설화를 원용하여 변형시킨 소설로는 정한숙의『해랑사의 경사』라는 소설이 있다. 위의 책, 215쪽 참조.
15)『장화 홍련전』외에도『김인향전』,『황월선전』등과 같은 계모형 고소설이 등장하여 대중적 인기를 끌면서 악인으로 형상화된 계모가 관습적으로 인식되게 되었다. 이것은 식민지 시대를 넘어 현재까지도 우리의 인식 속에 계모는 악인이라는 편견을 심어 주게 되었다. 한승훈, 앞의 논문, 313쪽 참조.
16) 심우장,「〈장화홍련전〉에 나타난 죽음의 제의적 해석」,『국어국문학』 Vol.- No.149, 국어국문학회, 2008, 293쪽.
17) 위의 논문, 302쪽 참조.
18) 전성탁,「장화홍련전의 관련 설화고」,『석우논문집』 2, 춘천교대, 1974, 6쪽. (위의 논문, 303쪽에서 재인용.)

다는 점이다. 철산부사가 기절하여 죽는 일이 계속해서 발생했다는 것인데, 죽음의 반복성은 다분히 제의적 속성을 반영한 것으로 이해할 수 있다. 그 죽음의 원인이 신적인 존재에 의한 것이라면 제의적 속성과 연결시켜 이해"[19]하면 타당할 것이다.

이처럼 고소설『장화홍련전』은 사실이 아닌 설화이고, 죽음의 반복성이 이야기의 주요 축을 이룬다. 특히 죽음의 반복성은 제의적 속성이라는 관점에서 볼 필요성도 있을 것이다. 결국, 〈아랑각 전설〉과 고소설『장화홍련전』두 텍스트를 읽어 보면 유사성이 많다. 이를 구체적으로 다시 살펴보고자 한다.

### 4.2.1. 〈아랑각 전설〉과 〈아랑형 전설〉

앞에서 언급한 바와 같이 〈아랑각 전설〉[20]은 경남 밀양 영남루(嶺南樓)에 얽힌 전설이다. 이런 유형의 전설인 〈아랑형 전설〉은 한국 공포영화의 대표적 원혼 모티프이기도 하다. 이처럼 〈아랑형 전설〉은 "경남 밀양 지방을 중심으로 한 설화로 억울하게 죽은 양가 규수가 자신의 억

---

19) 위의 논문, 303쪽 참조.
20) 〈아랑각 전설〉의 모티프를 정리해 보면, 1. 밀양의 윤 부사에게 정옥(혹은 동옥)이라는 예쁜 딸이 있었다. 2. 어머니를 일찍 여읜 정옥은 얼굴과 마음씨가 고왔고, 글과 바느질 솜씨도 훌륭했다. 3. 관가에서 일하는 백가(혹은 심부름꾼 주기)는 재물이 많았는데, 정옥을 사모하게 되었다. 4. 백가는 정옥의 유모에게 뇌물을 주고 정옥을 영남루로 꾀어냈다. 5. 백가는 정옥을 겁탈하려다가 죽이고 말았다. (정옥이 자결하였다.) 6. 백가는 정옥의 시체를 영남루 옆 대밭에 버리고, 정옥이 남정네와 도망갔다고 헛소문을 퍼뜨렸다. 7. 윤 부사는 상심하다가 벼슬과 관직을 버리고 어디론가 떠났다. 8. 그 후로 밀양으로 부임하는 부사들은 부임 첫날밤에 죽어 버렸고, 밀양은 흉흉한 마을이 되었다. 9. 담력이 큰 이 부사가 부임하여 귀신이 되어 나타난 아랑을 만났다. 10. 아랑은 이 부사에게 자기가 억울하게 죽은 이야기를 전하고 원한을 풀어 달라고 한다. 11. 다음날 아랑은 나비로 변하여 백가의 머리 위에 앉아서 백가가 살인범임을 이 부사에게 알려 준다. 12. 이 부사는 범인을 처단하고 아랑의 시체를 찾아 장례를 치러 주었다. 13. 그 후로 아랑의 귀신은 나타나지 않았고, 마을은 평화로워졌다. 14. 오랜 세월이 지나 밀양 주민들이 아랑각을 지어 아랑을 기렸다. 15. 후세 사람들이 〈밀양아리랑〉을 부르면서 아랑을 기렸다. 16. 이 설화는 후에 〈장화홍련전〉의 모티프가 되었다. 김일영, 「설화의 영화화의 과정-아랑설화를 중심으로」, 『드라마 연구』제28호, 2008, 76쪽 참조.

울함을 풀기 위해 귀신으로 나타나 한을 푼다는 기본 서사 구조"[21]를 이루고 있다.

〈아랑형 전설〉을 차용한 근대 작품들에서 행복하게 살던 여성이 겁탈에 저항하거나 겁탈을 당한 후 살해당하거나 자결하는 것, 또는 정숙한 여성이 '간통'의 누명을 쓰고 죽음에 이르는 것, 남성에게 배신당해 죽는 것 등으로 변주하는 경우가 많다. 결국, 〈아랑형 전설〉을 기반으로 한 서사에서 '정조'는 무엇보다 중요한 핵심 화소로 작용하고 있다. 〈아랑형 설화〉와 그 근대적 수용물들에서 '정조' 화소를 두드러지게 강조한 배경이 무엇인지 살펴볼 필요가 있을 것이다.[22]

구비적 전통을 지닌 〈아랑형 전설〉은 조선 중·후기 이후 여러 문헌에 실리면서 텍스트로의 전환 작업이 이루어진다. 설화의 전체 서사 맥락을 살펴보면, 밀양부사라는 현실적 매개를 통해 한을 푸는 '신원의 과정'[23]에 초점이 맞추어져 억울한 '원혼'을 달래고 있는 듯하다. 이때 억울함을 풀어 준 신임 밀양부사는 용감하고 의로운 인물로 대중에게 인식되어 왔을 것임은 주지의 사실이다. 약자의 편을 들어주는 단순한 〈신원형 설화〉로 보이는 텍스트 이면에는 지배 계층의 보수적인 이데올로기가 강하게 내재해 있다. 설화에서 아랑이 죽은 후 아버지는 이 사건을 집안의 불상사로 수치스럽게 여기고 관직을 사퇴한다. 자신의 딸이 죽었는지 살았는지 모호한 상황에서 이에 대해 자세히 알아보지 않고, 딸이 없어진 것 자체를 집안의 수치라고만 생각한다. 이런 수치심은 아랑이 정절을 지키다 죽었다는 것을 증명한 후에야 소멸한다. 여성은 다시 명예를 회복한다. 이때 '원귀'의 존재는 실추당한 여성의 명예 회복

• • •
21) 한승훈, 앞의 논문, 309쪽.
22) 위의 논문, 309-310쪽 참조.
23) 『장화홍련』, 『김인향전』과 같은 소설도 귀신이 중심이 아닌 가족 내의 한 여성의 문제에 좀 더 초점이 맞추어져 있다. 위의 논문, 323쪽 참조.

을 위한 중요한 조건인 '정절'을 증명하기 위한 매개체 역할을 한다. 아랑이 '정절'을 지키다 죽었다는 사실의 강조는 유교적 이데올로기에 의해 죽음을 미화한 것일 뿐이다. 이것은 여러 모순점이 드러나는 텍스트의 서사 구조를 통해 보다 구체적으로 증명할 수 있다. 우선, 단순히 유모의 말만 듣고 양반 규수가 야밤에 대나무 숲에 간다는 것 자체가 모순일 수 있다. 아버지가 딸의 상황을 자세히 살피지도 않고, 주위의 말만 듣고 바로 관직을 버리고서 우발적 살인을 벌였을 수도 있는 일이다. 원혼이 직접 갈등 해결에 나설 수 있음에도 굳이 9년을 기다려서 그것도 지배층 남성의 힘을 빌려 해결하고 있다는 것 역시 여성은 남성에게 결국 의존할 수밖에 없다는 메시지가 내재해 있다. 이상의 몇몇 서사 구조상의 모순을 통해 현대인이 지닌 아랑에 관한 열녀 의식은 여성의 불미스러운 죽음을 '정절'이라는 유교적 이데올로기에 의해 미화시킨 지배층이 조작한 이미지임을 알 수 있다. 이런 일련의 과정들이 원혼의 신원을 푸는 서사 구조로 자연스럽게 대중 인식 속에 녹아들면서 정절이 여성의 명예를 지키는 중요한 필수 요건으로 자리 잡았다.[24]

원귀에 주목해 본다. "고전 문학 속에 나타난 '원혼 캐릭터'는 공포를 조성하는 데 초점이 맞추어져 있기보다는 '신원'"[25]에 '서사 코드'를 맞추고 있음을 알 수 있다. "고전 문학 작품 속의 원귀는 공포스럽지 않고, 단지 당시 사회의 중요 이념을 강조하는 매개체로서 존재감을 지닐 뿐이다. 그렇기에 그들의 목적은 복수가 아닌 신원에 초점이 맞추어져 있다. 다수의 설화와 소설 속에 나타난 원혼들은 정절이 당시 여성들에게 무엇보다 중요한 것임을 확인시켜 주는 존재이다. 사회적으로 억압받은 여성이 원혼으로 나타난 것이라고 볼 수도 있겠지만, 그 이면에는

---

24) 위의 논문, 310-312쪽 참조.
25) 위의 논문, 313쪽.

여성이 죽어서도 지켜야 한다는 강박관념에 시달릴 정도로 유교적 정조 관념이 중요하다"[26]고 여기고 있다.

## 4.2.2. 고소설『장화홍련전』과 〈장화홍련형 전설〉

고소설『장화홍련전』은 "계모 설화, 환생 설화, 신원 설화 등을 토양으로 발생하였으며, '가정 소설'에 속하는 작품"[27]이다. 고소설『장화홍련전』은 "특이하게도 사실을 근거로 기록화하고, 그것을 부연하면서 소설화한 작품"[28]이다.

고소설『장화홍련전』에 영향을 미친 〈장화홍련형 전설〉에서 장화 홍련의 경우에는 아랑보다 좀 더 구체적으로 원한 관계가 드러나고 있다. 계모의 악행이 '핵심 코드'로 작용한다. 이 이야기도 실제로 17세기 중반 평안도 철산 지방에서 일어났던 사건을 기반으로 하고 있다. 이 사건은 계모와 아버지, 아들이 장화와 홍련 등 딸들과 재산 갈등을 벌이는 데서 발생한 것이다. 계모와 아버지가 부계 중심의 집안 수립을 위해 아들에게 재산을 물려주기 위해서 딸들을 죽음으로 몰아넣은 것이다. 사건의 전모를 살펴보면, 장화와 홍련의 아버지 역시 복수의 대상이어야 마땅하다. 그러나 아버지는 귀양 보내지는 것에 그치고 계모와 아들만 톱으로 베어 죽임을 당한다. 결국, 조선 후기 가장으로서 아버지는 지켜야 할 존재, 면죄부를 부여받을 수 있는 존재였다. 반면, 계모에 관해 이 시기부터 부정적으로 인식한 것으로 보인다. 조선 후기 계모를 부정적으로 인식한 데에는 혈연을 중심으로 한 가족주의적 사고방식이 크

---

26) 위의 논문, 314쪽.
27) 여형옥, 「캐릭터 분석을 통해 본 〈장화홍련전〉과 콘텐츠」 학위논문(석사), 한국외국어대학교 교육대학원 국어교육전공, 2010, 15쪽.
28) 이강엽, 「〈장화홍련전〉 再生譚의 의미와 기능」, 『열상고전연구』 Vol.13, 열상고전연구회, 2000, 35쪽 참조.

게 작용한다. 조선 후기에 가족, 가문에 대한 결속이 강해지면서 '혈연'을 매개로 하지 않은 외부인에 대한 반감이 소설 속에서 악인의 형상이자 공포의 조성자로 변모하여 등장한다. 이와 더불어 중·후기 이후 가족 내에서 적장자의 지위가 상승하면서 상대적으로 여성의 지위가 하락한 것에도 원인이 있다.[29]

### 4.2.3. 두 텍스트의 유사성과 영화로의 변용

앞에서 살펴본 〈아랑각 전설〉과 고소설 『장화홍련전』 두 텍스트를 읽어 보면 유사성이 많다. 첫째, 우리의 고유 정서 '한(恨)'을 주제로 하여 한풀이하는 원혼을 형상화하였다는 점. 둘째, '한국적 공포'의 수단으로 원귀와 계모가 등장한다는 점. 셋째, 남성 중심의 보수적 지배 이데올로기의 산물이라는 점 등이다.

이를 다시 살펴보면, "지금과 같은 여성 원귀의 형상은 주로 조선 중·후기에 생성된 것으로 볼 수 있다. 이것이 굳이 여성으로 굳어진 것 역시 조선 중·후기 이후 경직되어 가는 이데올로기 하에서 격하된 여성의 모습이 '한'이라는 우리 고유의 정조와 맞물려 한풀이를 목적으로 하는 원혼의 모습이다. 이를 문학적으로 형상화한 것이다. '한국적 공포'를 자아낸 도구로서의 원귀와 계모, 첩 들은 조선 중·후기 남성 중심의 보수적 지배 이데올로기에 의해 만들어진 산물이라고도 볼 수 있을 것이다."[30]

21세기에 접어든 이후 고전 문학을 원천 서사로 하여 영화화하는 경향이 두드러지게 등장한다. 이런 이유로는, "첫 번째로는 무엇보다 영

---

29) 한승훈, 앞의 논문, 312-313쪽 참조.
30) 위의 논문, 313쪽 참조.

화 〈장화, 홍련〉의 성공이 그 대표적인 원인이라 할 것이다. 〈여고괴담〉에 이은 이 작품의 성공은 공포 영화 제작자들로 하여금 고전에 눈을 돌리는 계기를 마련했다. 익숙함과 참신함이라는 양면성을 교묘히 이용할 때 어떤 다른 장르보다도 극적 효과를 얻어 낼 수 있다는 점을 깨달은 것이다. 두 번째로는 고전이야말로 '한국적 공포'[31]를 가장 쉽게 나타낼 수 있는 소재적 원천이라는 점"[32]을 부인할 수 없는 일이다.

고전 문학과 영화의 융합 혹은 통합이라는 담론은 이미 활발히 이루어지고 있다. 고전 문학 작품은 대부분이 작가 미상이므로 영화화하는 데 저작권과 같은 아무런 법적 제약이 없다는 장점이 있기 때문일 것이다. 고전 문학 작품을 영화화할 경우 대중문화로서의 인기를 어느 정도 확보한 작품임을 검증해야 한다.

이런 경우 오랜 기간을 거쳐 대중 속에서 호흡하면서 형성하였기 때문에 제목만 들어도 작품과 인물의 이미지를 쉽게 떠올릴 정도로 익숙하면서도 강력한 내러티브와 사회성을 지닌다. 시대에 따라 유동적으로 변화할 수 있는 고전 작품의 탄력성은 소재 고갈에 부딪친 현대 영화 산업이 매력을 느끼기에 충분하다. 그러나 이런 매력을 지녔음에도 불구하고 환상만을 가지고 영화화하기에는 많은 위험 부담이 따른다. 현대의 대중은 익숙함 안에서도 차별화 지점을 끊임없이 찾고 있다. 탄탄한 서사 구조를 지니지 못할 경우 가차 없이 외면해 버리기 때문이다. 특히 현재 한국에서 영화화한 대부분의 고전 소재들은 어른부터 아이까지 너무도 익숙하다. 그렇기 때문에 원천 서사가 지니는 익숙함을 최대한 활용하면서 현대적인 참신함을 가미한다는 것은 상당히 어

･･･
31) 한국 공포 영화에 있어서 고전의 소재들은 우리만의 한국적 공포를 찾기에 더없이 좋은 소재이다. 다른 장르에 비해 공포 영화의 경우 구비 서사의 삽입과 변용이 두드러진다. 우리나라 최초의 공포 영화인 〈장화홍련전〉(1924) 외에도 다수가 구비 서사 혹은 소설에 기반하고 있다. 위의 논문, 306쪽 참조.
32) 위의 논문, 305쪽.

려운 작업인 것이다.[33]

최근의 한국 공포 영화에서는 현대의 '가족과 사회가 개인에게 초래한 근원적 문제'를 공포로 풀어내고 있다는 점이 특징이다. 슬래셔, 스플래터, 하드코어 등과 같은 피가 낭자하고 구토를 유발하는 유형이 아닌 인간의 자의식이 생성한 공포가 드라마적 요소와 결합한 것이 주류를 이루고 있다. 우리의 공포 영화는 일본 영화 〈링〉에서 영향을 강하게 받았다고도 볼 수 있겠지만, 이것은 기술적인 측면이 강하다. 시각적 부분을 중시하는 공포 영화 장르에서 일본의 영향은 간과할 수 없을 것이다. 하지만 그 서사 운용 방식에 있어 분명한 차이가 존재한다.[34]

### 4.3. 영화 〈장화, 홍련〉에서의 한국적 공포 스토리텔링

오늘날 영화 "관객은 백지상태의 마음으로 영화관에 가서 영화의 내러티브를 수동적으로 흡수하는 것이 아니다. 언어 사용자가 이미 자기 나라 말의 규칙들을 내면화하고 있듯이, 영화 관객도 이런 도식을 내면화하고 있"[35]음을 고려해 볼 때, 먼저 이 글에서 영화 〈장화, 홍련〉의 줄거리를 살펴볼 필요가 있다.

영화는 병원에서 그날 무슨 일이 일어났는지 묻고 있는 의사와 고개를 숙인 채 아무런 대답도 하지 않는 한 소녀가 상담하는 장면으로 시작한다. 장면은 바뀌어 인적이 드문 시골에 들꽃들이 소담하게 피어 있는 신작로 끝에 홀로 서 있는 외딴 전원주택에 승용차가 도착하고 이어 수

---

33) 위의 논문, 302쪽 참조.
34) 위의 논문, 300-307쪽 참조.
35) 김시무, 『라깡의 주체이론 재조명 : 〈살인의 추억〉과 〈장화, 홍련〉에 나타난 실재계 개념을 중심으로』, 학위논문(박사), 동국대학교 대학원 연극영화학과, 2005, 64쪽.

미와 수연이 집에 도착하면서부터 전개한다. 낮이면 피아노 소리가 들려올 듯 아름다운 그 집은 어둠이 내리면 귀기 서린 음산함을 뿜기 시작한다. 예사롭지 않은 기운이 서려 있는 이 집에서 어른도 아이도 아닌 아름다운 두 자매 수미와 수연, 아름답지만 신경이 예민한 새엄마와 함께 사는 그날부터 이 가족의 괴담이 시작한다. 수연 수미 자매가 서울에서 오랜 요양을 마치고 돌아오던 날에 새엄마 은주는 눈에 띄게 아이들을 반기지만 자매는 그녀를 꺼리는 기색이 역력하다. 함께 사는 첫날부터 집 안에는 이상한 기운이 감돌고 가족들은 환영을 보거나 악몽에 시달린다. 수미는 죽은 엄마를 대신해 아버지 무현과 동생 수연을 손수 챙기려 들고 생모를 똑 닮은 수연은 늘 겁에 질려 있다. 신경이 예민한 은주는 그런 자매와 번번이 다투고, 아버지 무현은 그들의 불화를 그저 관망만 한다. 은주는 정서 불안 증세를 보이며 집 안을 공포 분위기로 몰아가고 동생을 지키기 위해 안간힘을 쓰는 수미가 이에 맞서는 가운데 집 안 곳곳에서 괴이한 일들이 잇달아 벌어지기 시작한다.[36]

수미와 은주의 갈등은 집 안에서 일어나는 이상한 일들을 서로의 소행으로 의심하면서 증폭한다. 자매들이 사는 2층에는 밤마다 쿵쿵대는 소리가 들리고 수연의 방에는 알 수 없는 누군가가 왔다 간다. 수미의 불안은 침대 밑에서 원귀가 나오는 악몽과 은주가 동생 수연을 해칠지도 모른다는 생각으로부터 기인한다. 새엄마 은주의 동생 선규 부인 미희는 식사 중에 부엌 싱크대 밑에서 원귀를 발견하고 발작을 일으키고 은주와 수미는 집이 이상하다, 라고 호소하며 잠을 이루지 못한다. 은주가 아끼던 새는 누군가의 손에 의해 목이 뒤틀려 죽임을 당한다. 그 시체를 수연의 침대에서 발견한다. 수미와 은주, 수연과 은주 사이에 대립과 긴장을 형성한다. 이것이 극한에 다다른 순간 아버지가 집을 비

---

36) 《네이버》 영화 〈장화, 홍련〉 줄거리 참조. (김해미, 앞의 논문, 44-45쪽에서 재인용.)

운 사이에 돌이킬 수 없는 파국으로 치닫는다. 은주는 수연을 옷장에 가두고 괴롭히는 등 수연이 들어 있는 자루를 몽둥이로 패고 피 묻은 자루를 질질 끌고 복도를 돌아다닌다. 수미는 수연을 구하기 위해 은주를 막으며 몸싸움을 벌인다. 은주는 수미를 죽이려 하고 쓰러진 수미 앞에서 은주는 "너 있지 정말, 무서운 게 뭔지 아니? 잊고 싶은 게 있는데, 깨끗이 지워 버리고 싶은 게 있는데, 그게 잊어지지가 않는 거야! 평생 따라다니는 거야!"라는 대사를 한다. 이 시점에서 영화 〈장화, 홍련〉은 결정적인 두 가지 반전을 제시한다. "계모가 수연을 괴롭힌다."라며 눈물 흘리는 수미에게 아버지가 "수연은 죽었어!"라고 대답하는 장면과 아버지가 돌아오자 거실에서 아버지를 기다리던 은주의 얼굴이 수미의 얼굴로 바뀌는 장면이다. 결국, 처음부터 집으로 돌아온 사람은 아버지와 수미뿐이었다. 은주와 수연의 존재는 수미의 '죄의식'이 만들어 낸 망상에서 기인한 것이었음을 밝히고 끝맺는다.[37]

위와 같은 줄거리를 기초로 하여 영화 〈장화, 홍련〉의 상징적 공포 코라(Chora) 공간, 시각적 공포 애브젝트(Abject) 등을 살펴보고자 한다.

### 4.3.1. 상징적 공포 코라(Chora) 공간

영화 〈장화, 홍련〉에서는 집이 코라적 공간이다. 집이 수미에게는 친엄마와의 분리가 완성되지 않은 코라로서 역할을 한다. 이로 인해 수미는 새엄마 은주와 자신을 동일시하기도 한다. 다시 말하면, "수미가 갇혀 있는 집은 수미와 친엄마가 분리되지 않은 공간인 동시에 새엄마와 수미가 분리되어 있지 않은 코라적 공간인 것이다. 이처럼 코라의 공간을 재현의 장으로 끌어오지만, '아버지의 법'과 '어머니의 권위'는 공존

---
37) 위의 논문, 44-46쪽 참조.

할 수 없기 때문에 결국 영화 안에서 코라 공간은 깨어"[38]진다.

따라서 영화 〈장화, 홍련〉에서의 모성적 공간인 집을 중심으로 하여 '집 안의 경계를 나누는 계단과 문지방', '가족들이 모이는 주방', '개인적인 침대', '엄마가 자살한 옷장'이라는 코라적 공간과 함께 '마음의 거울 호수'와 '무의식의 숲'이라는 코라적 공간을 간략히 살펴보고자 한다.

① **모성적 공간의 집**

영화 〈장화, 홍련〉에서 "외딴 시골 마을 저수지와 숲으로 둘러싸인 음습한 장소에 자리한 '일본식 목재 가옥의 집'[39] 안팎에 그로테스크하고, 요기가 서려 있는 '귀신 들린 집'으로부터 영화는 시작한다. 짙은 브라운 계열의 집은 어두움과 우울함으로 귀기 서린 음산함을 통해 가족들 사이에 감춰진 공포 분위기의 비밀을 들춰내는 주체적인 공간으로 상징"[40]한다. "어두울 때 보이는 집의 풍경은 외형만으로도 을씨년스럽다. 그러나 갈대가 흔들리고 꽈리 열매가 열려 있는 마당의 풍경은 그저 한가롭고 따사롭기까지 하다. 밤과 낮의 분위기가 이렇게나 대조적인 것은 과거의 수미의 가족사가 아직 평안하다는 상징적 표현일 것이고, 을씨년스러워 보이는 밤의 풍경은 그야말로 콤플렉스로 온몸을 감고 있는 현재 수미의 심상을 표현"[41]한 것이다.

---

38) 하선화, 『한국 공포 영화 속 모성담론의 재해석에 관한 연구』, 학위논문(석사), 동의대학교 대학원 언론광고학과, 2006년, 54쪽 참조.
39) 영화 〈장화, 홍련〉의 대부분 사건이 벌어지는 일본풍의 가옥은 실제 집과 똑같이 만들어진 세트이다. 1,000장의 설계도를 그린 후 5개월 동안 제작된 세트이다. 김봉석 , 「김봉석의 영화 읽기 · 〈장화, 홍련〉 사회적 함의가 사라진 자리 공포가 채운다」, 『민족21』 Vol.- No.28, (주)민족21, 2003, 147쪽 참조.
40) 김정효, 「공포 영화의 색채 컨셉 분석: 영화 〈장화, 홍련〉을 중심으로」, 『한국기초조형학회vol.9 no.5 』, 한국기초조형학회, 2008, 123쪽 참조. (이은아, 『영화의 미장센 요소로서 색채의 감성 효과에 관한 연구 : 영화 〈거미숲〉을 중심으로』 학위논문(석사), 한성대학교 예술대학원 뷰티예술학과 뷰티 색채학, 2012, 29쪽에서 재인용.)
41) 김해미, 앞의 논문, 74-75쪽.

일본식 목조 건물의 외부와 전체적으로 어두운 조명의 내부는 줄곧 기묘한 분위기를 발산하는 장소로 그려진다. 카메라는 누군가 뛰어다니는 듯 쿵쾅거리는 정체 모를 발소리인 기척 마찰음과 더불어 홀로 켜있는 TV, 냉장고 속 부패한 생선, 저절로 여닫히는 문 등 기괴한 집 안 풍경을 세밀하게 잡아낸다. 또한, 수연의 "자꾸 밖에서 이상한 소리가 나!", "누가 내 방에 있다 나갔어."와 같은 대사는 가족의 생활 공간이 갖는 두렵고도 낯선 이미지를 극대화한다. 여기에 수미는 "오랜만에 와서 그런 거야 괜찮아 자자." 하는 대답은 이 집 안에서 일어나고 있는 공포를 애써 외면하려는 행동이다.[42]

여기서 중요한 것은 집은 아이와 어머니의 분리가 이루어지지 않은 코라적 공간으로서 기괴함을 불러일으키는 곳이 아니다. 병으로 어머니 역할을 제대로 하지 못한 친엄마의 불가피한 모성 방기, 계모의 아버지에 대한 욕망과 의붓딸에 대한 증오, 엄마의 자리를 대신하려는 근친상간적인 욕망의 대상이자 동생의 대리모로서 수미가 괴물로 그려지고 있다. 또한, 아버지의 개인적이고도 이기적인 욕망에서 비롯한 가족의 해체를 보여 주고 있음에도 불구하고, 계모와 수미, 그리고 죽은 친모까지 아버지를 차지하기 위해 적대적인 관계망을 형성한다. 이를 영화에서 보여 주면서 아버지의 상징성을 깨부수지 못하고 가부장제 질서 유지를 강화해 나가고 있음을 알 수 있다.[43]

영화 〈장화, 홍련〉에서 공포의 공간으로서 집은 90% 정도를 차지할 만큼 중요하게 자리 잡고 있다. 이 폐쇄된 공간이 발산하는 음산한 분위기와 안팎의 모양새가 그로테스크하고 요기가 서려 있는 최초의 '한국형 하우스 호러'로서 가족을 공포로 자극하고 그들이 가진 섬뜩한 비밀

---

42) 위의 논문, 75쪽 참조.
43) 하선화, 앞의 논문, 55쪽 참조.

을 알고 있는 공간의 역할을 한다. 붉은색을 띠는 브라운 계열의 목조로 만들어진 외딴집은 섬뜩한 분위기를 연출한다. 그 안에서 황폐해지는 인물의 모습을 그려 내고 있다. 이 집은 낮에도 항상 어두우며 그 어두움은 차가움으로까지 이어진다. 엄마가 자살하기 전의 집은 따뜻한 햇살이 드는 집이었다. 하지만 엄마가 죽은 뒤 이 집은 엄마가 없는 공간으로 상징처럼 보여 주고 있다. 원래 집은 바깥 세계로부터 인간을 지켜 준다는 점에서 보호와 안식처를 상징하고, 엄마 같은 존재이다. 또한, 집은 정신분석에서는 인간의 육체, 인간의 사고, 인간의 삶을 상징한다. 한편 집의 외부는 인간의 외적 양상 곧 그의 인격이나 외모를 상징한다. 이런 의미에서 집과 엄마를 동일시한다. 안락한 장소로써 인간을 보호하는 여성 원리를 상징한다. 이렇게 집은 수미의 무의식과 연결된 세계로 들어가는 공간이며, 엄마의 보호가 없어진 돌아가고 싶지 않은 공포적인 공간으로 나타난다. 여기서 집은 엄마의 몸을 상징하고, 수미를 품은 공간으로 크리스테바(Julia Kristeva)가 말하는 '코라'와 연결된다.[44]

### ㉮ 경계를 나누는 계단과 문지방

영화 〈장화, 홍련〉에서는 집 안의 계단의 구조가 1층은 아버지와 계모 은주의 공간이고, 2층은 수미와 수연 그리고 친엄마의 공간이다. 계단에 앉아 있는 수미나 수연의 모습은 내려갈 수도 없고, 누군가 올라올까 불안감을 표출한다. 계모 은주가 2층으로 올라올 때마다 집 안에 좋지 않은 일들이 생긴다. 회상 장면에서 2층에 올라온 은주를 향해 수미가 적대감을 드러낸다. "여기 왜 올라온 거야. 안방은 1층 아냐? 이젠 엄마 행세까지 하려 드네."라는 수미의 대사는 2층은 우리의 공간이니

---
44) 김해미, 앞의 논문, 61-62쪽 참조.

올라오지 말라고 경계선을 긋는 행위로 보인다. 이러한 계단은 기본적으로 수직적인 상승을 상징하고 있다. 이때 상승은 정신적인 의미로 위층은 머리와 정신적 자아 통제 의식을 암시하는 공간이다.[45]

　서로 오갈 수 있는 방들을 연결시킨다는 의미도 있지만, 또 다른 의미로 차단시킬 수 있는 공간이 계단이다. 방은 외부 세계에서 자신을 보호한다는 점에서 개인적인 사상이나 개별성을 상징하고 외부 세계로 열린 창과 타자들의 영역으로 통하는 문을 소유한 개인을 나타낸다. 한편 영화에서 수미와 수연의 발이 문지방을 넘는 장면이나 누군가 수연의 방문을 열고 들어오는 손 장면을 볼 수 있다. 여기서 문지방은 전환과 초월이며 외부의 세계에서 내부의 세계로 이동과 전환을 상징한다. 즉, 누군가 수연의 방문을 열고 들어오는 손은 속된 것이 성스러운 곳으로 들어와 공포를 일으키는 것이다. 동양의 경우 문지방은 보호와 경고를 상징한다. 이런 의미에서 처음 자매가 집으로 들어왔을 때, 문 앞에 보이는 검은 석고상은 계모 은주를 대신해서 집을 지키고 있는 듯 경계를 보인다. 삶의 전환과 초월을 상징하지만, 이중적 의미로 분리와 경고를 암시한다. 그런 점에서 모호한 경계는 수미와 수미의 쇼즈 수연에게 공포심을 유발시킨다.[46]

### ㉯ 가족들이 모이는 주방

　영화 〈장화, 홍련〉에서의 주방은 가족들이 모여서 식사를 하며 담소를 나눌 수 있는 식탁과 거기에 차려질 음식을 준비하는 싱크대로 나누어진 공간이다. 밝고 따뜻한 분위기이어야 할 주방은 이 영화 안에서 너무나 조용하고, 어두운 긴장감이 감도는 모습으로 표현한다. 가족 식사

---

45) 위의 논문, 62쪽 참조.
46) 위의 논문, 62-63쪽 참조.

장면에서는 직사각형의 식탁에 아버지, 새엄마, 두 자매가 아주 조용하게 식사를 하고 있다. 그릇 달가닥거리는 소리, 접시에 젓가락이 약하게 부딪치는 소리만 들릴 뿐 기이할 정도로 조용하다. 아버지는 오로지 음식에만 집중하고, 두 자매는 먹는 둥 마는 둥 무표정하게 식사를 하고 있다. 새엄마 은주가 세 식구의 안색을 살피다가 정적을 못 참겠다는 듯 입을 연다. 무뚝뚝한 아버지는 새엄마 은주의 수다에 짧은 답들만 할 뿐 빨리 식사를 마치고 벗어나려 한다. 수미와 수연이 또한 눈치를 보며 음식을 제대로 먹지도 못하는 모습을 보인다. 음식에 대한 거부는 어머니와 아버지의 사랑에 대한 거부이고, 먹는 행위는 부모에 대한 아이의 사랑을 증명한다. 음식을 뱉거나 음식이 목에 걸린다는 것은 아이가 부모의 요구를 거부한다는 것이다. 수미와 수연은 새엄마 은주를 거부함과 동시에 자기 자신을 추방한다. 주방은 새엄마 은주와 수미가 말다툼하는 공간이다.[47] 주방의 색채만으로도 긴장감이 감돈다.

 은주에게 있어서 주방은 엄마로 보여 줄 수 있는 그녀가 지키고 싶은 공간이다. 하지만 수미가 들어와서 부딪힘으로써 화합을 하는 공간이 아닌 다투고 어지럽혀진 그녀의 무의식을 반영한다. 부엌은 음식 재료들이 변형된다는 점에서 변형이 발생하는 공간이나 순간을 상징한다. 수미와 분리된 자아인 은주의 다툼은 수미에게는 무의식의 충돌로 인해서 혼란스럽게 한다. 은주의 동생 선규와 그의 처가 식사를 하러 온 날에도 이 주방 분위기는 새엄마 혼자서만 즐거워서 수다를 떨고 선규와 그의 처는 어딘지 불편하게 느껴진다. 특히 선규 처의 행동이나 표정은 불안함과 불편함이 역력하다가 은주가 선규에게 몰아붙이기 시작하면서 잔뜩 긴장해 있던 미희가 음식이 얹혔는지 갑자기 기침을 해 댄다. 그러다 점점 강도가 심해지면서 바닥으로 쓰러지고 온몸의 경련을 일으

...

47) 위의 논문, 63-64쪽 참조.

킨다. 가슴이 답답했는지 자기 가슴을 세차게 쿵쿵 치면서 바닥에 먹은 걸 토해 낸다. 이러한 선규의 처 미희의 모습은 수미의 분리된 자아 은주를 보면서 불안하고 불편한 상태를 나타내며 그것을 받아들이기 힘들어 하는 죄책감일지 모른다.[48]

다시 정리하자면, 영화 〈장화, 홍련〉에서 주방은, "원혼이 숨어 지내는 곳이기도 하고, 선규의 부인이 원혼을 목격하는 장소이기도 하다. 녹색의 싱크대와 붉은색의 벽지를 사용해 혼란하고 어지러운 은주의 심상을 색으로 보상했으며 초록색 입은 어린 원혼이 등장하는 장소로써 목격자를 한정짓기에 좋은 장소이기도 하다. 그러나 이 장소에서 원혼을 목격하는 사람은 수미, 은주, 그리고 선규 부인뿐이다. 이 장소는 장소적 의미에서 여성을 의미하기도 하지만, 여성만이 원혼을 목격하는 진실 대면의 장"[49]으로 해석할 수도 있을 것이다.

㉴ 개인적인 침대

영화 〈장화, 홍련〉에서는, 인간에게 중요한 수면 또는 휴식을 취하기 위해 사용하는 침대라는 개인적인 공간을 볼 수 있다. 이러한 침대의 구성은 보온을 위한 이불과 육체를 편안하게 해 줌으로 엄마 같은 모성적인 코라 공간이다. 침대는 외형을 상징한다. 잠은 본질을 의미하는 것이다. 침대에 앉아 있는 은주는 2층의 누군가가 뛰는 듯한 소리에 잠을 잘 이루지 못한다. 초조하고 불안한 몽유병적인 모습을 보이고 있다. 한편 수연은 그녀의 방 안에 엄마가 자살한 옷장이 있다는 자체만으로 무서워하며 누군가 자기의 방을 몰래 들어와 자신을 지켜보고 가는 느낌에 언니 수미의 침대로 파고들어 간다. 자고 있는 수연을 지켜본 사

⋯
48) 위의 논문, 64-65쪽 참조.
49) 이순혜, 「한국 영화 원작과 미국 리메이크 영화에 나타난 재현 비교 연구 : 〈장화, 홍련〉, 〈안나와 알렉스 : 두 자매 이야기〉를 중심으로」 학위논문(석사), 경기대학교 일반대학원 영화영상학과, 2012. 앞의 논문, 77쪽.

람은 다름 아닌 수미의 또 다른 자아인 은주이다. 은주는 점점 공격적이고 폭력적으로 변하면서 여리고 나약한 수연에게 표출한다. 자고 있는 수연을 깨우고 그녀의 개인적인 침대에서 수연을 끌고 내려옴으로써 몸싸움을 벌인다. 그러한 은주에게 저항하는 수연을 볼 수 있다. 이것은 개인적인 침대에 누군가 침범하는 공포이다. 또한, 주인공 수미는 악몽에 시달려 잠을 이루지 못한다. 그 악몽은 침대 밑에서 기어 나와 수미를 가위 누르는 엄마 원귀의 형상과 숲에서 만나는 어린 수미와 엄마의 모습이다. 침대에서 보이는 인물들의 모습은 개인적인 본질적 무의식의 상태를 표현해 주고 있음을 알 수 있다.[50]

### ㉣ 엄마가 자살한 옷장

영화 〈장화, 홍련〉에서 수연의 방에 있는 옷장은 엄마가 목을 매어 자살한 공간이다. 그런 엄마를 구하기 위해 끌어내리다 옷장이 엎어져 사고로 수연이 죽은 장소이다. 이런 옷장은 당연히 수연에게는 무서운 암흑으로 뒤덮인 공간이며 엄마의 자궁 같은 존재이다. 다시 들어갈 수도 없고 들어가서는 안 되는 곳이기에 새엄마 은주가 수연을 거기에 가두고 괴롭힌다. 이런 사정을 전제로 할 때 창이 없는 폐쇄적인 방 밀실인 옷장은 처녀성을 상징하며 일종의 상호 교통의 부재를 의미한다. 크리스테바는 모성적 육체와 연결되는 개념으로 이 개념을 증폭시키고 재구성했다. 그 자신의 이론에 필요한 개념을 채우는 데 적절히 사용한 이미지로 태아의 첫 의미화 과정들의 육체적 자리를 특별히 정의하는 자궁으로부터 온 정확한 기능적 용어인 코리온(horion)의 의미로 사용한다. 코리온은 어머니의 육체 구조와 태아의 육체 구조가 공존하는 공간이다. 어머니의 육체가 옷장 안에서 죽고 동생 수연이 깔려 죽은 옷장은

---

50) 김해미, 앞의 논문, 65-66쪽 참조.

코리온으로서 공포를 일으키는 공간이다. 그래서 코라는 주체가 생성되는 동시에 부정되는 곳으로 주체의 통일성이 그를 생산하는 변화와 정지의 과정 앞에 굴복하는 공간이다. 마지막에 실제의 새엄마 은주에게 복수하는 공간으로 나오는 이 옷장은 어머니의 육체는 변경의 장소를 차지하는 모든 요구를 받아들이는 그릇이며 모든 희열의 장소로서 다시 원귀가 나와서 은주를 괴롭힐 수 있게 표현한다.[51]

옷장은 "병든 친엄마가 자살한 공간이기도 하고, 수연이 깔려 죽은 장소이기도 하다. 결론적으로 이 영화의 공포 결정체인 셈이다. 은주가 수연 환영체를 가두기도 하고, 자루에 담아 폭행 후 버려지는 장소이기도 하다. 원념의 결정체 역할을 하는 이 옷장은 수미의 공포 근원지라고도 할 수 있다. 그리고 은주를 죽음으로 이르게 하는 마지막 원혼이 나오는 곳이기도 하다. 이는 은주를 꾀어 내고 장을 열게 한다. 이로써 이곳은 원념을 담은 그릇이고 사념이 넘쳐 나는 장소로 탈바꿈"[52]한다.

② **마음의 거울 호수**

영화 〈장화, 홍련〉의 "시작과 마지막 장면에서 호수에 발을 담그고 있는 수미와 수연의 상태를 보여 주면서 은유적으로 표현하고 있다. 무현이 수미를 부를 때 수미의 발만 빠져나가는 장면도 동일한 상징적 표현일 것이고, 마지막 장면에서 수연의 자리가 비어 있음을 보여 준 것 또한 수미의 심연과 물의 상징화"[53]라고 볼 수 있다.

영화의 시작 부분에서 집에 돌아온 수미와 수연은 바로 집으로 들어가지 않고 머뭇거리다가 앞마당을 서성이고는 저수지를 향해서 뛰어간다. 저수지 선착장 위에 앉아 두 발을 물에 담가 놓고 수미는 누워서 새

---

51) 위의 논문, 65-66쪽 참조.
52) 이순혜, 앞의 논문, 76쪽.
53) 위의 논문, 79쪽.

파란 하늘을 바라본다. 동생 수연은 호수를 뚫어지게 쳐다본다. '베다'[54] 에서는 물을 가장 원초적인 모성을 상징하며 이는 우주의 발생 초기에 근원으로서의 물질로 여긴다. 또한, 동양 사상에서도 물은 용이 사는 특수한 거처로 인식하고, 모든 생명이 물에서 태어난다고 생각했기 때문에 원초적인 모성적 공간이다. 이런 의미에서 두 자매는 계모 은주가 있는 집이 아닌 물이 있는 모성적 공간인 호수로 향한다. 더욱이 물은 일반화되어 생명을 유지시키는 존재로 간주된다. 이런 점에서 물은 무한과 불멸을 상징하며 고대 문화에서 '상부의 물'과 '하부의 물'로 구분되어 전자는 잠재력과 가능성을 상징하고, 후자는 현실화 혹은 창조된 것을 상징한다. 잠재적 의식과 무의식적 인물을 동생 수연은 뚫어지게 보고 있다. 수미는 그녀의 무의식을 보려 하지 않고 공허한 하늘만 바라본다.[55]

　물에 잠기는 행위는 형태가 존재하기 전의 상태로의 회귀를 상징한다. 한편으로는 전멸과 죽음을 다른 편으로는 재생과 소생을 의미한다. 왜냐하면 물에 잠기는 것은 생명력을 강화시키기 때문이다. 세례 의식에서 물의 이런 상징적 의미와 관련이 깊다. 물속에 발을 담근 수미와 수연은 생명과 죽음, 매장과 소생을 재현하고 있다. 프로이트에 의하면 꿈의 경우 물은 탄생을 말한다. '물의 구원'은 풍요와 비옥에서 나아가 아이의 탄생을 상징한다. 물은 모든 원소 가운데 전환이 가장 빠른 원소이다. 물은 곧 불, 공기, 대지 사이에서 쉽게 전환한다. 쉽게 말하자면, 물은 증발하여 에테르인 공기가 되고 굳어서 얼음이 되는 것이다. 이러한 물은 창조인 긍정적 흐름과 파괴인 부정적 흐름으로 양면성을 가지고 있다. 우리 신화에서 물은 창조의 원천, 풍요, 생명력을 상징하고 또한 재생을 나타낸다. 불교와 기독교에서 물은 정화를 상징하고 현대에

---

54) 베다[Veda]: 인도에서 가장 오래된 신화적 제식 문학(祭式文學)의 집대성이자 우주의 원리와 종교적 신앙을 설명하는 철학 및 종교 문헌. 김해미, 앞의 논문, 68쪽 참조.
55) 위의 논문, 67-68쪽 참조.

는 무상 무의미를 상징한다. 서양에서 물은 모든 생명이 시작하는 원초적 물질적 바탕이다. 양수, 피, 정액 등을 전제로 할 때 물은 생명의 액체 근원을 뜻한다. 또한, 현 세계에서의 끊임없는 유전 무의식 망각인 것이다. 호수는 흡수하는 여성적인 습윤 원리를 나타낸다. 나아가 습한 것과 수동적인 성질을 암시함으로써 모성적인 공간으로 볼 수 있다. 물은 언제나 표면적인 세계와 깊이 있는 세계를 연결한다는 점을 토대로 할 때 호수는 투명한 유동체이다. 물의 상징이 심연의 상징과 관련한다는 점에서 호수의 상징적 의미에 결정적인 역할을 하고 있다. 이때 호수의 물은 생명과 죽음, 고체와 기체 유형과 무형 사이의 전환을 상징하기 때문이며 동시에 호수 혹은 호수의 표면은 거울의 의미를 내포함으로써 호수는 자기성찰 의식을 상징한다. 호수는 '영원'과 '무'의 세계 곧 일종의 무의식을 상징하며 조용한 고뇌, 신비, 기다림을 상징한다. 이러한 상징으로 영화의 마지막 장면은 혼자서 저수지에 발을 담그고 있는 실제 수미의 뒷모습을 보여 주고 있다. 흑백 장면에서 서서히 색이 입혀지는 수미의 무의식이 혼자서 아파하고 기다리면서 한편으로는 나아지길 바라는 마음의 거울로 비춰진다.[56]

③ **무의식의 숲**

융의 이론에 의하면, "'무성한 나무가 있는 영역'은 이성적 사고를 위협하는 무의식의 위기를 나타내며 안전한 지대인 도시, 집, 경작된 땅과 대조적으로 숲속에서는 위험과 악마, 적과 질병이 거주"[57]하는 공간이다.

영화 〈장화, 홍련〉에서 숲은 수미의 무의식인 꿈으로 나타난다. 꿈은 어린 시절에 수미의 모습으로 단편적인 형상이다. 어슴푸레한 해 질 녘

---
56) 위의 논문, 69-70쪽 참조.
57) 위의 논문, 71쪽.

의 숲에서 얼굴에 눈물이 그렁그렁한 채 엄마를 찾고 있는 듯 보인다. 엄마의 뒷모습을 발견하고, 천천히 다가가 엄마의 팔을 어린 수미의 손으로 잡는 순간 선홍빛의 끈적거리는 피가 손에 묻어 있다. 손은 정신세계를 상징하며 곧 수미의 손에 엄마의 피가 묻어 있다는 것은 정신적으로 애브젝트한 공포를 느끼는 것이다. 일반적으로 숲은 상징적 의미로 어둡고 신비하다는 점에서 여성 원리이다. 이를 어머니와 동일시한다. 한편 어둠을 강조하는 숲은 암흑 미지의 세계를 상징한다. 따라서 수미가 가위 눌리는 악몽으로 연결한다. 숲으로 들어간다는 것은 미지의 탐험과 새로운 세계를 탐험한다는 점에서 영적 세계를 암시한다. 숲은 수미의 꿈으로써 시련이 벌어지는 곳이며 미지의 위험과 암흑이 지배하는 장소이다. 암흑의 숲에 들어가는 것은 경계의 문턱을 넘어서 다른 세계로 들어감을 상징하고 그녀의 혼이 미지의 위험으로 들어가는 것, 죽음의 영역, 자연의 신비, 그 의미를 찾아내기 위해서 깊숙이 들어가지 않으면 안 되는 영적 세계를 나타낸다. 엄마가 숲에 있는 모습은 영적인 통찰력이나 광명의 결여이다. 이는 신의 인도를 받지 못해서 암흑 속을 헤매는 상징적인 죽음의 의미로 나타난다. 꿈이 아닌 현실에서 수미가 엄마의 유품들을 찾기 위해 폐창고로 가는 길은 수미의 꿈에서 본 숲과 유사하다. 어디론가 불안하게 걷고 있는 수미는 꿈처럼 엄마의 기억을 찾기 위한 숲의 길을 따라가고 있는 것이다. 조용하고 적막한 숲은 수미에게 공포 공간으로써 암흑같이 느껴지고 누군가 보고 있는 듯이 뒤돌아보게 한다.[58]

---

58) 위의 논문, 70-71쪽 참조.

### 4.3.2. 시각적 공포 애브젝트(Abject)

① 색채의 대비

대부분의 공포 영화와는 다르게 영화 〈장화, 홍련〉은 다양한 색채의 대비를 사용하여 등장인물의 성격과 극의 진행을 예감할 수 있는 역할을 충실히 수행하고 있다. 특히 공간의 배경과 인물의 의상이 겹치는 장면에서 많이 사용하고 있음을 알 수 있다. 집으로 돌아온 첫날 수미의 의상은 강렬한 빨간색 카디건과 차가운 파란색 원피스로 대비를 이룬다. 이는 강하고 당돌한 성격을 드러내고 있다. 그녀와 다르게 수연은 주로 하얀색이나 베이지색으로 표현하여 여리고 순수한 이미지를 보여준다. 새엄마 은주의 옷 스타일은 수미와 대비를 이룬다. 수미가 강렬한 색상을 입고 있을 때는 은주의 의상은 베이지색으로 현대적이고 세련된 모습을 표현한다. 차갑고 예민한 성격을 드러내는 색으로 극단적인 차이를 보이는 짙은 파랑색이나 강렬한 빨강, 우울한 보라색으로 은주의 성격을 나타내고 있다. 또한, 그녀가 무언가에 불안해 하고 혼란을 겪고 있을 때는 공간의 배경색과 확연하게 드러난 대비 효과를 주어 표현하기도 한다. 짙은 빨강과 파랑의 색채 대비 심리는 초조함과 질투의 상징으로 자신의 힘으로 해결할 수 없는 것을 알고 초조해 하는 분열된 자아인 은주의 마음을 나타내고 있다. 공격과 억제 사이의 갈등을 나타내며 질투와 선망의 감정이 지배적이고 인간관계가 원만하지 못함을 나타낸다. 마지막으로 불안한 가족 관계를 관망하는 아버지인 무현은 어두운 계열의 무채색이다. 무기력하고 지쳐 보이는 이미지로 회색적인 죽은 자에 대한 애도와 참회를 표현한다.[59]

이 영화에서 다른 어떤 색들보다도 짙은 핏빛에 빨강색이 올리브의

---
59) 위의 논문, 51-53쪽 참조.

녹색과 대조를 이루는 것을 알 수 있다. 수미의 의상에서 긴장감이 고조될 때면 붉은색이 끼어 있었고, 분열된 자아인 은주의 빨간 입술은 차갑고 냉랭한 어른의 모습을 표현한다. 또한, 전체적인 공간으로서 집은 목조건물이라 짙은 갈색의 나무로 붉은색을 띠며 섬뜩한 분위기를 연출한다. 인간은 색의 자극에 민감하므로 색을 강력한 충동이며 반응을 일으키는 언어로 볼 수 있다. 색은 의식 및 무의식의 일부로 심리적인 면과 연관한다. 공포를 유발하는 요소로 중요한 역할을 한다.[60]

② 비체(卑體, Abject)로서의 원귀

원귀 자체가 저승과 이승 사이에 존재하는 것으로 크리스테바가 말하는 주체성의 관점에서 '애브젝트'[61]로 주체와 객체 사이의 경계 영역에 존재하는 비체라고 할 수 있다. 영화 〈장화, 홍련〉에 등장하는 귀신은 비체로서의 원귀로 시각적으로 혐오감을 불러일으켜 공포를 유발한다. 처음으로 등장하는 비체적 원귀는 수미의 악몽에 나오는 원귀로 수미의 침대 밑에서 기어 나와 목을 매어 죽은 자세로 다가옴으로써 옷장에서 목을 매어 자살한 엄마라는 것을 알 수 있다. 가위눌린 수미는 원귀의 다리 사이로 생리혈이 흐르고 치마 속에서 손이 빠져나오는 것을 목격한 순간 악몽에서 깨어난다. 이것은 생리혈에 대한 당혹감과 수치심, 혐오에서 오는 비체적인 공포로써 여성의 성적 특이성을 인정하지 않

---

60) 김현정, 『암시 효과를 이용한 영화 홈페이지의 표현 연구 : 공포 영화 세븐Seven)의 시각적 표현을 중심으로』, 이화여자대학교 석사논문 2002, 24쪽 참조. (위의 논문, 54쪽 재인용.)
61) 애브젝트는 크리스테바의 저서 『공포의 힘 : Power of Horror : An Essay on Abjection』에 소개되어 시체 자체나 신체의 배설물 등에 의해 유발되는 심리적 혐오감으로 눈물침 배설물 토사 물질 분비물 등을 칭하는 말로서 주체와 객체의 경계선에서 주체도 객체도 아닌 어떤 것이 우리가 역겨워함에도 우리를 붙들어 놓는다고 설명한다. 일반적으로 공포 영화는 피와 시체들로 관객에게 끔찍한 장면을 보여 줌으로써 놀라게 하고 공포를 느끼게 한다. 이런 애브젝트는 부적절하거나 건강하지 않은 것으로 볼 수 있으며 체계와 질서를 교란시켜 그것 자체가 지정된 한계나 장소 규칙들을 인정하지 않는 데다가 어중간하고 모호한 혼합물인 까닭이다. 위의 논문, 58쪽 참조.

고 여성을 어머니 본성과 결부시킨다. 이 원귀는 수미가 모성으로의 성장을 상징한다. 이 경우 수미의 신체는 어머니와 같은 성인 여성이 되어 어머니와 연결됨을 인정하지 않기 때문에 오는 혐오적인 공포를 표상한다고 말할 수 있다.[62]

원귀는 계모 은주의 남동생 선규 부인 미희가 부엌 싱크대 밑에서 보는 녹색 옷을 입은 수연의 원귀이다. 수연은 누구의 도움도 받지 못한 채 억울하게 죽었기 때문에 가족들의 무관심이 그녀의 원한 대상이다. 주방이라는 모성적인 공간에서 가족들의 저녁 식사 시간에 나타난다. 옷장이 쓰러져 갇혀 죽었듯이 수연의 원귀는 싱크대 밑에 웅크리고 나오지 못하는 형상으로 가족들을 지켜보고 있다. 온몸이 원한으로 그을린 듯 검고, 살이 뜯겨 나가 피가 묻어 있는 시체 같은 모습으로 시각적인 역겨운 혐오감을 주는 공포를 일으킨다. 이 원귀는 혼자 주방에 남은 계모 은주에게도 보인다. 회상 장면에서 수연이 머리에 꼽고 있던 머리핀이 싱크대 앞에 떨어져 있고, 그것을 새엄마 은주가 주우려 잡는 순간 싱크대 밑에서 나오는 손은 좀 전의 선규 부인 미희가 싱크대 밑에서 본 수연의 원귀이다. 마지막으로 영화에 등장하는 원귀는 새엄마 은주가 집에서 이상한 기운을 느끼면서 수연의 방 안으로 가서 옷장 안 이불 사이로 나오는 귀신이다. 이 원귀는 모체 속의 아이가 모체를 밀어내고 파열시키며 모체 밖으로 나오는 형상을 보인다. 원귀와 같이 흘러내리는 분비물은 여성적이고 모성적인 울림을 가진 애브젝트로 볼 수 있으며 수연이 친엄마를 구하려다 억울하게 죽은 옷장에서 나와 은주를 끌어들인다는 것은 위협을 가하는 이방인 같은 존재이다.[63]

영화 〈장화, 홍련〉에서 피로 범벅되고 썩어 문드러진 냉장고 안의 생

---

62) 위의 논문, 54-55쪽 참조.
63) 위의 논문, 56-57쪽 참조.

선을 수미가 발견한다. 이것들은 버려지고 배척당한다. 이는 수미의 분열된 존재의 양상으로 볼 수 있다. 음식물에 대한 혐오는 가장 오래되고 기본적인 형태의 애브젝트이다. 썩어 문드러진 생선과 같은 쓰레기들이 야말로 혐오감을 주어 관객에게 공포로 멀리하게끔 해 준다. 수미의 악몽에서 보이는 엄마를 잡는 어린 수미의 손에 묻은 피는 모성에 대한 결핍과 공포를 의미한다. 새엄마 은주의 남동생 선규 부인 미희가 경련을 일으키며 구토를 하는 장면은 음식물이나 더러운 찌꺼기 오물에 대한 혐오감으로 이런 애브젝트는 보는 주체로 하여금 시궁창 같은 더러운 것들에서 멀어지게 하고 피해 가게 만든다. 이런 고름과 오물, 배설물 들은 내 삶이 가까스로 힘겹게 죽음을 떠받치고 삶을 유지해 나가도록 하는 조건으로 작용한다. 하지만, 주체 체계 질서 등을 거부함으로써 사물을 부정적 시각으로 보기 때문에 자기중심적이기도 하고 동시에 자기 자신마저 철저히 부수고 파괴하려는 자기혐오의 성향으로 인한 공포인 것이다.[64]

③ 공포 유도 기법, 경악 효과(Startle effect)

영화 〈장화, 홍련〉은 죄의식 때문에 과거 속에 사로잡힌 소녀, 한순간의 자존심 때문에 동생을 지키지 못했다는 죄의식으로 지울 수 없는 오점을 남긴 그 순간으로 돌아가려 애쓰는 수미의 이야기다. 과거와 달리 소복을 입은 여자 귀신은 등장하지 않는다. 분명한 것은 영화의 배경이 되는 수미의 집에 원귀가 존재한다. 영화는 집 안에서 일어나는 이상한 사건들을 다양한 공포 유도 기법을 통해 표현하고 있다. 시각적 표현에서 찾아낸 '경악 효과'를 이용한 공포 유도 기법은 먼저 줌 인, 줌 아웃(zoom in, zoom out)을 이용한 장면이 있다. 등장인물들의 정서적

...

64) 위의 논문, 57-58쪽 참조.

상태를 표현하고 관객들에게 공포를 전달하기 위해 등장인물의 얼굴을 화면 가득 잡거나, 괴물 혹은 귀신으로 대변하는 대상을 클로즈업하여 관객에게 다가오는 듯한 효과를 준다.[65]

경악 효과는 시각적 효과와 청각적 효과를 구분하여 살펴볼 필요가 있다. 먼저 시각 효과의 일부만 살펴본다. 줌을 이용해 공포감을 유도하는 첫 장면은 수연이 잠에서 깨어나는 장면이다. 인기척을 듣고 긴장 상태를 유지하던 수연이 벌떡 일어날 때, 카메라는 수연의 불안함이 드러나는 얼굴을 클로즈업한 상태에서 갑자기 훅- 하고 줌아웃한다. 이 장면에서 관객들은 마치 롤러코스터를 타고 긴장감 있게 천천히 정상을 향해 올라가다가 훅- 하고 내리닫는 기분을 느끼게 한다. 두 번째는 잠에서 깬 수미가 엄마로 예상되는 귀신과 마주하는 장면이다. 침대 앞까지 온 귀신을 풀 샷(full shot)으로 잡고 있던 화면이 갑자기 눈앞까지 들어왔다 빠질 때, 수미를 향해 다가오는 귀신의 얼굴을 클로즈업한 화면에서 눈을 중심으로 형체를 알아보지 못할 만큼 가까워졌다가 다시 얼굴만 화면에 잡는다. 편집 효과를 통해 빠르게 화면을 전환한다. 이는 관객들이 어떠한 판단을 하기 전에 반사적인 경악 반응을 일으키게 하는 것이다. 또 싱크대 밑에 숨어 있는 수연의 원혼이나, 창밖에서 아빠를 지켜보던 새엄마의 모습은 먼저 멀리서 피사체를 비춘 후, 숨어 있는 피사체를 빠르게 줌 인(zoom in)함으로써 강한 경악 반응을 유도한다.[66]

청각적인 부분에서의 경악 효과 유도는 시각적 효과를 극대화시키기 위한 짧고 강한 효과음을 표현한 부분이 많다. 특히 인물들의 등장과 움직임에 따른 효과음이나 화면을 전환할 때 효과음으로 자주 표현하고 있다. 효과음과는 달리 등장인물의 비명이나 사물의 소리를 이용해 경

---

65) 이현진, 앞의 논문, 39-40쪽 참조.
66) 위의 논문, 40쪽 참조.

악 반응을 이끌어 내는 장면도 있다.[67]

수연의 방에 손이 등장할 때, 냉장고에서 수미가 이상한 물건을 발견할 때, 수연의 옷장이 움직일 때는 '탁!' '빰!' '치잇!' 하는 짧고 비교적 둔탁한 음향 효과가 들어간다. 잠에서 깬 수미가 귀신을 마주할 때, 귀신이 일어설 때, 다리에서 손이 나올 때, 얼굴이 가까이 올 때는 각각 '띠리링' '치치칙' '슈와아악' 하고 보다 다양한 효과음이 들어간다. 싱크대 밑의 여자 아이의 형체가 확인되는 장면에서는 '아아아악!' 하고 목을 긁는 듯한 긴 괴성을 내는 남자아이의 목소리를 들을 수 있다. 싱크대 밑에서 새엄마의 팔목을 잡는 손이 튀어나올 때는 마치 칼을 가는 소리처럼 날카롭고 큰소리의 효과음이 나타난다. 그 밖의 인물이 등장하면서 하는 대사에서도 경악 반응을 일으키는 장면들이 있다. 영화의 전체적인 분위기가 정적이고 어둡다 보니 침묵 속에서 등장인물이 어떤 행위를 할 때, 누군가가 말을 걸 때, 그조차도 경악 반응을 불러일으킨다. 카메라에 모습을 드러내기 전에 먼저 대사를 통해 자신의 존재를 알린다. 수미가 아빠의 얼굴을 만질 때 뒤에서 말을 걸어오는 새엄마나, 가족사진을 보고 있는 수미에게 말을 걸어오는 수연의 경우가 그렇다.[68]

## 4.4. 닫으며

영화 〈장화, 홍련〉에서 주인공 수미는 자기 자신과 맞서 싸운다. 즉, 죄의식에 의해 분리된 자신의 자아 혹은 기억과 맞서 싸운다. 대개의 공포 영화는 외부의 적이나 귀신과 싸우지만, 영화 〈장화, 홍련〉에서는

---

67) 위의 논문, 41쪽 참조.
68) 위의 논문, 42쪽 참조.

"귀신이 아닌 수미와 은주 두 인물이 만들어 내는 긴장과 불안이 각각 무현과 수연을 사이에 두고 대립하면서 전개한다. 친엄마를 죽음으로 몰고 간 새엄마에 대한 증오와 동생의 죽음을 막지 못했던 돌이킬 수 없는 시간에 대한 죄의식에 사로잡힌 수미가 자신의 분열된 자아로서 새엄마 은주를 만들고, 죽은 수연을 아직 살아 있는 존재로 현시하면서 일어나는 내용이다."[69]

고전 〈아랑각 전설〉과 고소설 『장화홍련전』을 원천 서사로 한 영화 〈장화, 홍련〉에 나타난 '한국적 공포 스토리텔링'이 무엇인지 고찰하는 데 목적을 두고, 고전 〈아랑형 전설〉과 고소설 『장화홍련전』의 서사 구조와 유사성을 살펴보았다. 그리고 영화 〈장화, 홍련〉에서의 '상징적 공포 코라(Chora) 공간'과 '시각적 공포 애브젝트(Abject)'를 통해 한국적 공포를 분석하는 데 중점을 두고 살펴보았다.

이를 통해 영화 〈장화, 홍련〉의 원천 서사인 구전 〈아랑각 전설〉 혹은 〈아랑형 전설〉과 고소설 『장화홍련전』 혹은 〈장화홍련형 전설〉, 이 두 텍스트의 유사성과 영화로의 변용이 갖는 의미를 찾아볼 수 있었다.

---

69) 김해미, 앞의 논문, 46쪽.

에필로그

## 영화와 컴퓨터 그래픽의 관계, 바늘과 실

요즘 영상에 담지 못할 상상력이 존재할까? 어떠한 상상력이라도 영상에 담을 수 있는 시대이다. 바늘 가는 데 실 간다. 영화 가는 데 컴퓨터 그래픽(Computer Graphics, 이하 CG)이 간다.

2014년 개봉 흥행작인 관객 수 1,700만 명을 돌파한 영화〈명량〉도 CG가 없었다면 흥행이 어려웠을 것이다. 홍보 자료에 의하면, 해상 전투 장면만 61분이다. 이 가운데 90% 이상인 1,300컷을 CG로 재현했다.

명량의 총제작비는 190억 원이다. 이중 CG 제작비만 43억 원이나 들어갔다. 영화〈해적〉에서도 CG의 기술력이 돋보였다. 코믹 영화임에도 고래 CG가 볼만하다는 평을 받기도 했다.

2009년 12월 개봉한 영화〈전우치〉도 CG의 덕을 톡톡히 봤다. 고소설『전우치전』을 변용하여 영화화에 성공한 작품이다. 당시 관객 240만 명을 돌파한 흥행작이다. 그 이전까지는 영화화하기 어려웠다. 변신 모티프의 환상적인 삽화 편집적 서사 구조 때문이다. 비슷한 변신 모티프인 고소설『홍길동전』이 꾸준히 영화로 재탄생한 것과 대비되는 대목이기도 하다.

고소설『전우치전』의 삽화 편집적 구성은 중심인물인 전우치의 변신 상상력을 통해 다채로운 이야기로 재구성할 수 있는 특징을 지닌다. 고소설『전우치전』에서 하나의 삽화를 차용하든, 일부 혹은 전부를 차용하든 이를 새로운 이야기로 재창조해 낼 수 있는 무한한 가능성이 있다. 변신 상상력이 그 핵심에 놓여 있기 때문이다.

그 대표적인 예가 영화〈전우치〉와 드라마〈전우치〉이다. 고소설에서 전우치는 여우에게서 호정을 빼앗아 먹고, 구미호로부터 천서를 얻음으로써 도술(변신술, 둔갑술, 분신술을 포괄하는 넓은 의미의 변신)을 얻는다. 그 주된 도술은 둔갑술과 분신술이다. 변신술은 거의 나타나지 않는다. 주변인물 화담은 변신술이라는 도술만을 사용한다.

영화에서는 도술 능력을 지닌 전우치와 화담의 외면적인 모습만을 수용했다. 이를 영화에 걸맞게 재창조했다. 나아가 소설에 등장하지 않는 새로운 인물(초랭이, 천관대사, 서인경, 세 신선, 여배우 등)은 변신 상상력을 증폭시키는 역할을 한다.

소설과 달리 영화에서 전우치는 도술을 사용하려면 부적이 반드시 필요하다. 자유자재로 도술을 사용하는 전우치보다는 도술 사용에 제약이 있는 전우치가 갈등과 위기 상황을 더욱 고조시켜 주기 때문이다. 실제로 영화에서 전우치는 초랭이의 배신으로 부적을 잃고 화담과 대적하다 생명의 위협을 받을 정도로 위기를 겪기도 한다.

영화에서 화담의 캐릭터는 고소설과 너무 상이하여 새롭게 창조한 인물이라고 보아야 한다. 고소설과는 정반대의 양상을 보여 주고 있기 때문이다.

고소설에서 화담은 덕 높은 도사로 등장한다. 덕이 높고 도술 실력이 뛰어난 도사이지만, 영화에서는 요괴이며, 요괴를 다스리고자 만파식적을 찾는 사악한 인물로 그려지고 있다. 이러한 그의 성격은 영화 전반에 걸쳐 전우치와의 대립을 통해 갈등 구조를 이룬다.

고소설에서 화담의 도술은 변신술뿐이지만, 영화에서는 불을 위주로 사용하는 도술을 보여 준다. 타인의 목숨을 살리는 활인의 도술이라기보다는 개인의 욕망을 위해 파괴를 일삼는 도술로 변형한 것이다. 영화 〈전우치〉는 고소설에서 묘사한 삽화적인 도술을 CG를 통해 영상에 담아냄으로써 새로운 이야기로 재탄생할 수 있었다. CG를 통한 영상 예술의 무한한 가능성을 열어 놓은 것이다.

지금은 CG로 이루어 내지 못할 장면이 없다. 제아무리 어려운 변신 상상력도 영화 〈전우치〉처럼, 생사를 가르는 전투 장면이라도 영화 〈명량〉처럼, 영상에 담아낼 수 있다.

이처럼 앞으로도 우리의 영화 산업이 효자 노릇을 톡톡해 해내기를 기대해 본다.

## 문학과 영화의 상상력 이해
- 이바구 인문학 연구서 2

지은이  신기용
펴낸이  신기용

2022년 2월 1일 초판 1쇄 발행
2024년 2월 20일 2쇄 발행

펴낸곳  도서출판 **이바구**
   부산광역시 부사지구 동섯로 143(접푸동, 신우빌딩) 2022호
   T.010-6844-7957
등 록  제329-2020-000006호

© 신기용 2022  ISBN 979-11-91570-10-6
정가  20,000원